名师名校名校长

凝聚名师共识
回应名师关怀
打造名师品牌
培育名师群体

程晗远题

班级日常

管理探究与实践

宛建新 ◎ 编著

中国出版集团　现代出版社

图书在版编目（CIP）数据

班级日常管理探究与实践 / 宛建新编著. — 北京：
现代出版社，2022.12

ISBN 978-7-5231-0172-8

Ⅰ.①班… Ⅱ.①宛… Ⅲ.①班级—管理—研究
Ⅳ.①G424.21

中国版本图书馆CIP数据核字（2022）第256076号

班级日常管理探究与实践

作　　者	宛建新
责任编辑	王志标
出版发行	现代出版社
地　　址	北京市安定门外安华里504号
邮政编码	100011
电　　话	010-64267325　64245264
网　　址	www.1980xd.com
印　　制	北京政采印刷服务有限公司
开　　本	710mm×1000mm　1/16
印　　张	11.25
字　　数	180千字
版　　次	2022年12月第1版　2022年12月第1次印刷
书　　号	ISBN 978-7-5231-0172-8
定　　价	58.00元

目 录
CONTENTS

📖 班会设计

📖 班级规划

📖 班级活动

📖 管理妙招

📖 教育故事

班会设计

班级规划

班级活动

管理妙招

教育故事

健我体魄，耀我中华

深圳市光明区楼村小学　彭思雅

【教学背景】

"请党放心，强国有我"这句话多让人热血沸腾啊！在"七一"建党100周年庆祝大会上，少先队员和共青团员代表喊出了心中崇高的理想，我们都迫不及待地想要行动起来建设祖国。

那我们辅导员应怎样引导队员把"强国"之梦化为行动呢？

回想2020年4月，习近平总书记在陕西省安康市平利县老县镇考察调研时，走进了镇中心小学五（1）班课堂，为学生们戴眼镜多、体育锻炼少感到担忧，寄语学生要"野蛮其体魄"，就是强身健体。

是啊，习近平总书记时刻牵挂着青少年的体质，青少年是国家的未来和民族的希望，促进青少年健康是实施健康中国战略的重要内容。以习近平同志为核心的党中央站在党和国家事业发展薪火相传、后继有人的战略高度，高度重视青少年工作，亲切关怀青少年和儿童的健康成长。

欲强国，先强身！

我在中队开展了问卷调查，发现队员每天的活动时间不足两小时，假性近视和近视率也较往年有所增加，跟中队委讨论后，我们这节中队活动课应运而生。

【教学理念】

本着贴近青少年、体验为重、动态生成、综合渗透和出其不意的辅导原则，以"五辅一强化"为辅导过程，根据《少先队活动课程指导纲要》中的四年级"我与运动交朋友"以及"少先队活动"中的三、四年级的快乐成长主题二"我运动，我快乐"，设计本节活动课。

【活动目标】

有目标，才能把握住方向，通过这节活动课，队员能够做到以下几点。

（1）知道强健的体魄与国家强盛的关系。

（2）能牢记教导："文明其精神，野蛮其体魄"。

（3）能根植于终身锻炼的理念，并内化于行动，时刻准备为共产主义贡献力量。

【教学安排】

在本次活动中，经过多元评价，队员可以获得一枚健体章。

【活动过程】

（一）一辅：启发策划

为了让队委会可以自行组织活动，我召开了中队委会议，通过组织学习习近平总书记"七一"讲话和对青少年的寄语，启发中队委强国必先健体；引导中队委开展问卷调查，了解队员们的锻炼情况；结合调查结果，设想如何开展以运动锻炼为载体，激发队员的爱国心的中队活动，遇到困难找辅导员。

（二）二辅：关照准备

在中队委的组织下，全中队分为四个小队。四个小队结合自身兴趣和能力，通过大讨论、上网收集资料、研究小游戏、成立运动督导小队等方式准备材料。中队小骨干围绕预期目标，经过民主讨论确定活动环节，撰写了主持初稿后，与我讨论，修改并最后定稿。

（三）三辅：放手实施

我时刻关注四个小队的准备情况，了解到四个小队已准备好后，我们确定了中队活动课的时间。仪式后，我们在活动课上开展了以下四个环节。

环节一：播下强国种子

借着奥运会的余温，向上小队播放《强国有我，未来可期》短视频，全体队员重温了奥运会精彩瞬间。在红领巾小论坛中，队员们纷纷表示对"00后"运动员的崇拜。队员A说："他们年纪这么小就能为国家拿到奖牌，太厉害了。"队员B说："我们什么时候才能像奥运健儿那样一样为国争光。"队员们在讨论中种下了一颗想为国争光的种子。

环节二：绘出职业梦想

勇敢小队为全体队员展示了他们的职业理想手抄报，畅想2035年后的自己。主持人采访了队员，询问他们为理想要做出哪些努力。队员C说："我从现在开始要好好上课，认真完成作业。"队员D说："除了要学习好知识外，我觉得我们还要好好锻炼身体。"

主持人对队员的发言表示肯定："是的，我们除了要学习好知识外，还要强身健体，才有能力去强国，兴我中华！"接着播放习近平总书记在陕西省安康市平利县镇中心小学的视频，引出下一环节。

环节三：喊出健体口号

播放视频后，活力小队展示他们的强身健体倡议口号。

环节四：体验战争岁月

我们平时在校园里可以一起做哪些好玩的运动呢？阳光小队集思广益，经过激烈的讨论，利用学校现有的体育器材，结合爱国主义教育，为全体队员带来了两个模拟战争游戏：一是"长征"障碍赛，模拟红军当年爬雪山、过铁索桥；二是投掷"手榴弹"，用沙包模拟红军投掷手榴弹，抵御敌人，保家卫国。沉浸式的体验让队员们仿佛回到了那个战争岁月，感受到了正是因为红军有强健的体魄、英勇的精神才能打胜仗。最后，活动以集体武术操收尾。

（四）四辅：督促巩固

通过以上几个环节，队员们已经明白了"欲强国，先强身"，为了更好地巩固成果，全体队员制定运动计划表，并坚持每天打卡。本环节将终身锻炼的理念根植于队员们的内心，内化为行动。

（五）五辅：引导总结争章

在本节活动课中，我注重引导队员自己总结评价，通过主持人总结（队员们，这场疫情，让大家深刻地认识到锻炼身体的重要性，运动可以增强我们的抵抗力，就算病毒来袭，我们也能抵抗住，也可以很快地康复），以及队员自我评价和小队评价，拿到了健体章。

（六）一强化

此外，还有辅导员的总结。我播放了钟南山院士接受采访的视频，让队员们知道，我们的榜样正是因为坚持锻炼，才能带领团队抗击疫情。而中华民族的崛起，中华梦的实现，需要队员们有强健的体魄，才能完成！

【活动评价】

在"五辅一强化"的辅导原则下，队员能发挥小骨干的带头作用和中队集体的作用，学习习近平总书记的教导，围绕"强国需先强身"开展自主探究。从知道为什么要健体到要怎么健体，创造性地提出自己的想法和做法。在活动课后，队员们都能主动参加体育锻炼，家长也普遍反馈队员更喜欢运动了，每天坚持打卡运动。

欲强国，先强身，强健体魄，绽放童年梦想，争做"强国有我"的自信少年！

滴答滴答，做时间的主人

——心育课教案

深圳市光明区公明中学　黄欣怡

【教学过程】

（一）导入（1分钟）

滴答滴答？你能想到这是谁的脚步声吗？（时间）

时间的脚步从不会为谁而停留，一分钟我们能在微信上说很长的一段语音，一小时我们能完成两科作业，一天能做的事情就更多了。

正式上课前，老师想跟大家一起做个小游戏。

（二）暖身活动——时钟游戏（5分钟）

请同学们闭上眼睛，等老师喊开始以后，在心里面开始默数一分钟，等觉得一分钟到了，就马上举手，睁开眼睛，这时不可以发出声音，不能干扰其他同学，等到老师说停止时才可以放松。

让第一个举手的学生和估测时间最准确的学生分享感受，并采访估测最准确的学生平时是如何安排时间的。

（可见把握一分钟其实很难，但如果能做到，你就是成功的）

（三）情景聚焦

案例分析与处理：

小陈是班级的优秀学生，平日总面对许多的学习任务与其他事务。一天早晨，小陈刚走进校门，看见公告栏上写着"新书已到"，于是她决定13：20

去图书馆借书。可踏进班级后又看到黑板上写着"今天中午13：15—13：45英语单词竞赛"，她才想起自己是被推荐的选手之一。这时门外一位学生会干部找上来说："团委何老师让你中午1点半去开团员会议。"刚坐到位置上，文学社社长告诉她今天13：40到社团去商量一下周末的写作采风活动。此时，物理老师走进教室说："今天作业错得特别多，只有小陈等几个同学完成得好，那午练时间（13：40—14：00）就由他们来讲评习题。"

小陈一屁股坐在位置上，一个头两个大……

（1）信息提炼。

13：20——去图书馆借书；

13：15—13：45——英语单词竞赛；

13：30——团员会议；

13：40——社团商量周末的活动；

13：40—14：00——讲评物理作业。

（2）小组活动：讨论解决方案。

学生分小组讨论如何安排小陈的时间，列出方案，并写好原因。

（学生初步体验时间安排的过程，在小组讨论中激发彼此的思考，分清事情的重要性、紧急性）

（3）老师根据学生所讨论出的安排及给出的原因进行小结，引出时间管理原则（出示坐标系，如图1所示）。

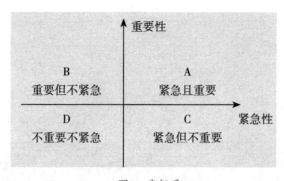

图1 坐标系

（4）学生说说自己的感受与启示，谈谈平时自己的时间管理有哪些合理与不合理之处。

（四）生活坐标图（20分钟）

（1）分给学生每人一张白纸，列出今天要做的事情。

（2）思考和讨论。

A.时间用在主要目标上了吗？原因何在？

B.哪些事情根本不用做？在记录中占多少时间？

C.哪些活动可以再少用些时间？需要采取什么措施？

D.别人浪费我的时间了吗？我浪费别人的时间了吗？

（3）画好坐标图，将今天的事情合理地放置到坐标内，并列出今天的时间表。

（4）学生分享。教师注意一些学生难以规避的诱惑，如手机、发呆等情况，适当引导。

（五）结语

时间是无情而又公平的，掌握了时间的脚步，时间就会善待你。我们知道了时间的秘密，从今天起，我们就能成为时间的主人。我相信，我们一定是智慧、自律、自觉的时间管理者。

生命是一场告别

深圳市光明区楼村小学　何好

【教学背景】

人生短暂，瓜熟蒂落，生老病死，花谢花开，这是自然的规律。可是，当代很多学生由于所处的家庭环境、社会环境优越，因而养成了一种安逸享乐的习惯，解决困难的能力和心理承受力都较差。因此，当困难（在成人眼里算不上困难）突然降临时，很多学生往往不知所措，采取逃避的态度，有的甚至极端地选择"轻生"。生命只有一次，最终走向告别应该是一个自然而然的过程，而不是因外力而终止自己的生命。生命是美好的，世界的美好在于生命的存在，我们要让生命过得充实、有意义，必须对自己负责任。

【教学目标】

认识到生命只有一次，我们要珍爱自己的生命。

珍爱生命，热爱生活，心存感恩，正确面对困难和挫折。

【教学准备】

小视频和相关的生命体验活动。

【教学形式】

班会课。

【教学过程】

（一）谈话引入，认识生命

（1）引入班会主题"生命是一场告别"。

（2）寻找生命的足迹。（播放图片：让我们一起寻找生命的足迹吧。生命，有时是惹人怜爱的小猫，有时是枝头欢唱的小鸟，有时是在池塘高歌的小青蛙，有时是我们人类的诞生……）

（3）思考：生命还会以哪种形式存在？

（二）感恩生命

（1）回顾成长之路，引出话题——感恩父母。

（2）播放成长相册，回顾与父母之间的难忘片段。

设计意图：让学生知道，自己的成长凝聚了父母的心血，感恩父母是对生命最大的理解和尊重。

（三）珍爱生命

（1）直面威胁生命的行为——从身边的事情说起。

（2）校园电视台（回顾校内大事记）。

（3）小结：远离危险行为是对自己的生命负责，生命安全容不得丝毫大意。

（四）理解生命——聆听他们的故事

1. 从植物身上得到的启示

（1）同学们，植物有生命，动物也有生命，你看这棵枝繁叶茂的大树，它最有可能长在哪里？（悬崖、肥沃的土地）

（2）学生猜测，说理由。

（3）尽管没有肥沃的土地，生存环境那么差，但是这棵松树比起在好环境里生长的松树却丝毫不差。你从这棵树身上获得了什么启示？

（4）小结：生命的坚强。

2. 从盲人画家身上得到的启示

（1）思考：迎客松面临恶劣的环境，能创造生命的奇迹。人也能勇敢顽强地创造生命的奇迹吗？双目失明的人有可能成为画家吗？有可能成为音乐家吗？又聋又哑的人可以随着节拍起舞吗？

（2）预测可能性，说理由。

（3）体会盲人画家的坚持不懈。

体验活动：蒙眼画画。

活动规则：

第一步，把笔和本子准备好。

第二步，把眼罩戴上，确保真的看不见。

第三步，拿起笔，请画一只鹅。

（4）采访环节：说说此时画画和平时有什么不一样之处。

（5）他的故事告诉我们什么道理？（面对困境，不要急着抱怨，心中有梦想，生命依然可以创造出奇迹）

（五）生命的价值——从有意义地度过开始

活动体验汇报——周日看望百岁老人活动

（1）针对周日看望百岁老人活动，小代表发言。

（2）理解老人寄语"世界是属于你们的"的含义。

（3）同学们，你觉得他们的生命有意义吗？体现了什么价值？

（六）回顾生命历程，展望未来

（1）同学们，生命有限，你可以好好地使用它，发挥生命无限的价值；也可以白白地糟蹋它，甚至早早放弃自己的生命。你愿意怎样选择？

（2）在很久之后的某一天，我们都终将会和这个世界告别，那时候，你最希望留给这个世界的是什么？

（粘贴生命宣言在事先准备好的枯树干上）

（3）诗歌朗诵：汪国真《热爱生命》。

（七）总结

（1）同学们，人生短暂，生命的终点是一场告别，但是我们不要轻易说告别，也不要急着说告别，而是要在自己有限的人生里发挥无限的价值，让生命因奋斗而精彩。

（2）同学们，衷心祝愿你们的生命如大树一般生机勃勃，愿你们的未来如鲜花一般明媚绽放。

【板书设计】

一棵树（叶子）

生命是一场告别

不要轻易说再见

心存感恩

笑迎风雨

心中有梦

珍爱生命——我宅家，我学习，我快乐

——楼村小学二（5）班班会课课堂实录

深圳市光明区楼村小学　彭思雅

【教学目标】

1. 充分了解在此次新冠疫情中，逆行英雄的社会担当和对生命的热爱。

2. 分享生活中的小快乐，解决小烦恼。

3. 懂得当下防控疫情的正确操作，落实行动，对为我们的生命、生活付出努力的所有人表达感恩之情。

【教学形式】

视频了解、互动讨论、学生展示、落实行动、感恩表达。

【教学过程】

师：同学们，大家下午好！我们的班会课马上就要开始啦！今天的班会主题是"珍爱生命——我宅家，我学习，我快乐"，相信同学们在这段宅家学习的时间里，遇到了很多的小快乐，当然，也可能遇到了一些小烦恼，我们今天就一起来探讨探讨吧！

环节一：了解逆行中的英雄

师："春入河边草，花开水上楼"，在这春暖花开的日子里，本该热闹的校园安静孤寂，是新冠疫情让这一切延期了。在这次新冠疫情阻击战中，涌现了无数英雄，现在，让我们一起看看这个不平凡的假期吧！

（播放视频短片《新冠肺炎大事记》）

师：同学们，看完刚刚的短片，你是不是也和老师一样，非常感动呢？这些英雄也是子女，是父母，是丈夫，是妻子，他们心有羁绊，也畏惧死亡，他们也是凡人，但让他们克服胆怯、勇敢逆行的，除了职业担当、社会责任之外，还有就是对生命本身的热爱：无穷的远方，无数的人都与我有关，我要为热爱生命做出我的贡献！

环节二：分享有意义的小快乐

师：相信同学们在疫情期间也做了很多有意义的事情。那么接下来，请同学们分享一下你在家里做了哪些有意义的事情？哪位同学愿意分享一下？

师：淑卿同学下午好！请问你在家做了哪些有意义的或者让你感到快乐的事情？

淑卿：嗯……我做了家务劳动。

师：彭老师要表扬你，做家务也是体现我们热爱生活、热爱生命的一部分。谢谢你的分享。

婧涵：我在家里干了一些家务活，练功。

师：哦！干了家务活。赞！练舞蹈基本功是吧？你长大想成为什么呢？

婧涵：我想成为主持人。

师：好，谢谢你的分享。也希望你梦想成真。

凌泽：我在家帮助妈妈一起照顾弟弟。

师：非常好！我们能够帮助家庭、帮助爸爸妈妈做自己力所能及的事情。彭老师要表扬你们！

环节三：讨论案例，解决烦恼

师：这些都是同学们在这段时间里做过的有意义的事情，这是你们热爱生活、珍爱生命的一个体现。可是，有些同学也可能遇到了"小烦恼"。（课件出示案例）比如这位小明同学：我是小明，最近上完网课后，我总是想玩手机或电脑。我感到眼睛有点不舒服，这样也让爸爸妈妈不高兴，同学们，你们能想想办法帮助我吗？

我们看，小明同学的主要问题是什么？他爱玩手机或电脑，哪些同学可以给他提供一些好办法呢？

日升：嗯……上完网课后，可以去看看树木，不要再碰手机。

师：哦，上完网课，我们可以看看绿色植物或者做眼保健操，让我们的小眼睛放松，不要再玩电子产品了。很好，相信小明听了你的办法后他知道应该怎么做了。谢谢你的回答。

雨涵：彭老师下午好！

师：雨涵下午好！你能不能动动小脑瓜给小明出出主意呢？

雨涵：小明上完网课后，先写写作业，让眼睛休息一下，等眼睛舒服了再上课。

师：是的，我们上完网课后可以看看书、写写作业，注意眼睛的保护和放松。很好，谢谢你的主意。

师：是呀！同学们看，（课件出示图片、文字）长时间玩电子产品影响视力，造成视力下降。

玩手机的人一般都会找一个最舒适的姿势，要么歪坐斜靠着，要么窝在沙发上，甚至躺在床上，非常容易造成人体肩颈肌肉紧张、劳损，从而伤及脖子、肩膀、脊椎。

这种伤害对小孩尤为严重，因为他们的骨骼发育还没有定型，如果不及时调整或休息，会影响身体发育。

师：我们上完网课后可以增加活动（运动）。如下棋、看书、唱歌，或者做些小手工，变废为宝，锻炼我们的创造能力。尤为重要的一点是，制定科学的作息时间表。学校给我们制定了课程表，除了上课的时间外，你还可以增加一些内容，如几点吃饭，几点写作业，几点下楼溜达，几点洗澡睡觉等。每天把生活作息安排得科学而有序，没有无聊的时间，自然就不会总想看手机了。

师：还有一位同学也遇到烦恼了。（课件出示案例）她是小红，她说有时事情不合她意，她就会控制不住乱发脾气。同学们，如果我们有情绪时，怎样做会比较好，你们有什么好办法呢？哪位同学可以帮助小红呢？

师：浩宸，下午好！你能不能给小红想一些办法，当我们有情绪时怎么控制自己？

浩宸：我们有情绪时可以先去一个房间，等自己平静后再出来。

师：你这个方法不错。就是先找一个地方使自己的情绪平静下来，等自己的情绪平静后再出来沟通。谢谢你的主意。

泓轩：老师好！我们可以先喝杯水，喝完水再好好沟通。

师：哦，你的方法是先喝水，喝水使我们的情绪平静放松。你平时还会用什么其他方法控制情绪？

泓轩：我也会一个人在房间里待一会儿。

师：看来你很懂得处理自己的情绪。谢谢你的分享。

师：看来我们的同学懂得如何保护自己，如何处理自己的心理情绪等问题。

师：刚才两位同学都提到，当我们有坏情绪的时候可以先选择在一个地方独处，这个地方在心理学上称为"积极暂停区"。可以在家找一个地方，把这个地方装饰得漂亮一点，像图片上这个女孩做的那样。当自己情绪爆发时，可以到这里来平静一下。另外，当我们有小烦恼时，可以跟爸爸妈妈倾诉自己的烦恼，也可以采用画画或者唱歌的方式释放自己的情绪。

环节四：展示学生宅家活动

师：相信同学们在宅家学习的这段时间里都发生了一些很有意思的事情。瞧！有两位小嘉宾跟我们分享了他们的宅家生活。

（播放短片《日升同学的宅家活动》）

日升：同学们，大家好！因为抗击疫情，我们开始了宅家生活，现在我想跟同学们说说我在家的活动。同学们，看，这是我的书桌，上课的时候，我就坐在这里认真听老师们讲课，听完课后，我学会了很多知识，认识了很多词汇。课余时间我会在家做做运动，运动让我的身体变得更加健康。我特别喜欢利用空余时间看课外书及画画，看，这是我最喜欢的旋转书架，里面有我最喜欢看的课外书，它能让我增长更多知识，学到更多词汇，我喜欢阅读；这是我画的画，是不是很好看呢？我还会制作一些手工，这是我亲手制作的相机，大家觉得是不是很有趣呢？现在我们宅家学习，爸爸妈妈要去上班，有时候我也会感到有点无聊，但我会弹琴、唱唱歌，这样能让我的生活更加充实。虽然我不能到学校上学，但我在家也可以做很多活动，可以学到很多东西，我感到很快乐！

师：谢谢日升同学的分享，平时他会唱歌、弹琴，还会照顾弟弟呢！还有一位小嘉宾也带来了他的分享，我们一起看看吧！

（播放短片《梓淇同学的宅家活动》）

梓淇：同学们，大家好！今天在这里和大家见面啦！因为这次疫情，我们开始了宅家生活，也开始第一次网上学习。现在我来跟大家分享一下我的生活习惯！瞧，这是我的桌子，上课的时候，我就坐在这里认真听课；瞧，这是我做的手抄报，上完网课，我们不能出去锻炼，所以我会在家里做运动，如跳绳、练舞蹈……瞧，这是我做的舞蹈计划表，我每天都会按时完成。我无聊的时候会选择看书，这个假期妈妈给我买了很多书，我都非常喜欢。这段时间我还跟妈妈学会了做包子。宅家生活虽然有点无聊，但是我可以在这期间帮爸爸妈妈分担家务，我经常帮助妈妈洗碗、晾衣服、叠衣服等；还可以和爸爸妈妈一起做游戏、做运动……宅家生活很有趣也很丰富，我感到非常快乐！

师：谢谢梓淇同学给我们分享她的宅家生活，瞧，多有趣啊！她把日常生活安排得满满的。我们班的其他同学在家学习期间也表现得很棒，在学习、家务、运动方面都很认真且积极。我们一起来看看吧！

（播放相册短片《班级学生在家活动》）

环节五：一起落实行动

师：（课件出示）同学们，我们可以这样做。

（1）保护好自己，不给别人、社会添麻烦。

（2）力所能及地在家里进行疫情防控知识宣传，帮助照顾家里每一个人。

（3）认真配合老师进行网络教学，停课不停学，努力储备知识。

（4）学习逆行英雄迎难而上、绝不放弃的精神。

（5）静心思考，审视周围的世界、自然和自己的关系，学习敬畏生命。

（6）努力争做一个充满爱、奉献爱、传播爱的人。

让我们一起珍爱生命、热爱生活。

环节六：对身边照顾我们的所有人表达感恩

师：接下来，有请婧涵和她的姐姐为我们带来手势舞，让我们一起舞动起来，对保护我们生命、养育我们、教育我们的所有人说声"谢谢"。

（播放婧涵录制的手势舞短片《听我说谢谢你》）

小结：

同学们，这段时间我们不能出去玩、不能返校，但是我们不妨好好利用这个特殊时期，来做一些平时没机会或者少有机会做的事情，既弥补了以往的遗憾，又不失为一种放松身心的好方法。

我们可以抽出时间陪陪家人，和爸爸妈妈一起做做饭、聊聊天，给予彼此最温暖的陪伴。当有焦虑的情绪时，不妨听听音乐，欣赏一些自己喜欢的文艺作品，或者进行一些在家里就可以完成的体育锻炼，将那些困扰自己的情绪释放出来，以更好的身心状态投入后面的学习和生活中。

今天的班会课就到这里，同学们再见！

编织吉祥结挂饰教案

深圳市龙岗区科技城外国语学校　李明月

【教学背景】

中国绳结艺术历史悠久，经历了漫长的文化沉淀。中国绳结艺术渗透着中华民族特有的、纯粹的文化精髓，蕴含着丰富的文化底蕴。中国结样式繁多，吉祥结只是其中的一种。吉祥结的结式简洁，美丽大方，寓意深刻，代表着祥瑞、美好。它简洁，容易学；它美丽，学生喜欢。因此，吉祥结很适合初学者编制与学习。

【学情分析】

本节内容的教学对象是四年级学生。学生的认知能力、接受能力、分析问题能力的水平较高，学习主动性及参与意识较强。所以在教学设计时，知识点的得出都是由学生对实际问题进行研究后很自然得到的，学生始终能体会到自己是学习的真正主人，在学习中有所发现、有所收获，从而体验学习的快乐。

【教学目标】

知识目标：

（1）学会使用常见的基本工具。

（2）掌握结、穿、绕、缠、编、抽等基本技能。

（3）学会编织吉祥结。

（4）学会制作吉祥结挂饰。

技能目标：

（1）通过教师的示范，鼓励学生从模仿到创新，为学生提供充足的动手实践时间和展示个人才华的机会与条件，使所有学生都有所发展。

（2）培养学生的动手能力、操作能力和生活自理能力。

（3）培养学生的审美能力和创造能力。

情感目标：

（1）激发学生对中国传统文化的学习兴趣。

（2）培养学生的团队合作意识。

（3）通过学习实践，"绳结"这种具有生命力的民间技艺拓宽了学生的日常生活领域，形成良好的劳动习惯与意志品质，陶冶学生的情操。

【教学重难点】

教学重点：基本结的编法。

教学难点：吉祥结的编法，吉祥结挂饰的制作。

【教学方法】

本节课把教学内容巧妙地隐含在项目之中，通过学生思考和教师课堂点拨，结合多媒体课件的演示，以启发学生自主研究性学习为主线，辅以讨论式、协作式等方法组织教学过程。教学流程：项目创设→基础学习→合作探究→拓展延伸。在整个教学过程中，教师只是领航者、组织者，学生的自主学习过程就是教师组织、调控、纠正学生学习行为的过程。

【教学过程】

（一）明确项目任务

任务一：了解中国结的来源、运用以及分类。

任务二：吉祥结的编织。

任务三：安装配件和流苏。

（二）制订项目实施计划

（1）根据现有的资源，每六名学生为一个小组，并选定小组长。

（2）由老师带领学生完成任务一。

（3）学生看图、看视频学编吉祥结，小组合作完成编织。完成任务二（培养学生团结协作的精神）。

（4）学生合作完成吉祥结的编织，旨在让学生在探究中获得知识，提高学生观察能力、分析能力、表达能力和归纳能力。

（5）学生看老师演示、看视频学习安装吉祥结的配件和流苏，小组合作完成成品。

（6）检查与评估。

（三）项目实施

1. 谜语加视频激趣导入（2分钟）

师：上课，同学们好！

生：老师好！

师：请坐！

师：有一首诗中这样写道："天不老，情难绝。心似双丝网，中有千千结。"有一个谜语：一缕红丝线，交错结龙凤。心似双丝网，中有千千结。这首诗中以及这个谜语中藏着一个有关中国传统节日的装饰品，不着急猜，大家先看一个视频，谜底就在其中呢！我们一起来找一找（播放视频），它就是中国结（生齐说）。

2. 新课探究

（1）中国结的分类。（2分钟）

（2）中国结的起源。（2分钟）

（3）中国结的运用。（3分钟）

（4）吉祥结的制作。

①认识吉祥结挂饰的结构：吉祥结+配件+流苏。

②认识吉祥结的结构：包括3个大耳、4个小耳、中心部分。（1分钟）

③强调吉祥结的编织技巧。

④编织吉祥结的过程如下。

第一阶段：教师示范，学生跟着做（3分钟）

a. 准备一根线（约1米长）。对折后用珠钉固定在泡沫板上（珠针在距离折痕约10厘米的地方）。

b. 左右各拉出两个耳翼，形成十字结构，在拐点处用珠针固定。

c. 逆时针依次取耳翼向右压相邻的耳（四个方向的线以逆时针方向相互挑压，以任意一耳起头即可）。

d. 收紧结体，调整。

e. 重复步骤c的做法，然后收紧结体（背面）。

f. 拉出耳翼，调整成形（外耳不能太小，否则结易松脱）。

第二阶段：教师布置任务，小组合作探究完成（10分钟）

点评：教师纠正学生编织过程中的问题，并示范正确的编织方法。（4分钟）

（5）吉祥结挂饰的制作。（3分钟）

第一步，安装配件。

第二步，安装流苏。

（教师演示，观看视频学习安装步骤）

教师布置任务，小组合作完成。（5分钟）

点评：每人至少完成一个吉祥结挂饰的制作。

3. 作品展示与检查评估（4分钟）

（1）学生：组内评选出最美的吉祥结并点评。

（2）学生：小组之间互评，重点说优点。

（3）教师：与学生互动，鼓励引导，个别点评，整体评价。

（四）课堂小结（3分钟）

（1）让学生说一说今天有什么收获，如何运用我们今天所学。

生：中国结的编织，要经过"编""抽""修"的过程。每一个结的编法是固定的；"抽"可以决定结体的松紧、耳翼的长短、线条的流畅与工整；"修"则是为结做最后的修饰。

（2）教师总结：元旦临近，我们可以运用今天所学编织更多的吉祥结，作为新年礼物送给亲朋好友，将吉祥的祝福带给大家。

【板书设计】

中国结—吉祥结

实物展示

吉祥结挂饰展示

学生作品展示

【教学反思】

1. 在教学过程中，教师应时刻提醒学生安全操作，并发挥团队合作的精神，让学生在学中做、做中思。

2. 在实际的操作过程中，充分发挥小组长的作用。

乘风破浪小帆船

深圳市龙岗区科技城外国语学校　李明月

第一课时

【教学目标】

1. 通过本课学习，掌握制作易拉罐帆船的基本技能。

2. 在掌握制作帆船技能的基础上能创造性地制作帆船，提高学生的动手能力和创新能力。

3. 增强学生的劳动意识、环保意识、团队协作意识和审美情趣。

【教学重难点】

教学重点：掌握帆船制作的基本技能。

教学难点：了解并掌握帆船制作的过程与方法。

【教学准备】

课件PPT、易拉罐、剪刀和线绳、一次性筷子、橡皮筋、彩笔、卡纸、双面胶等。

【教学过程】

（一）导学语

（1）引用诗句："长风破浪会有时，直挂云帆济沧海。"（李白《行路

难·其一》)

（2）举例：奥运会（奥林匹克运动会）帆船比赛。

易拉罐帆船，顾名思义，就是用易拉罐制作而成的帆船。

什么是帆船？它是利用风力前进的船。从1900年第2届奥运会开始，帆船运动被列为比赛项目。帆船运动起源于荷兰，那时人们普遍使用小帆船运输或捕鱼。它的最大动力来源是所谓的"伯努利效应"。它的结构包括船体、帆、桅杆、横杆、稳向板等。帆船可分为风浪板、轻舟型、小舱型等。

（3）说一说：哪些废旧资源可以再利用来制作小帆船呢？

现在我们就动手用易拉罐做一艘帆船吧。

（二）材料准备

首先，我们来看看制作帆船之前要准备什么？（见图1）

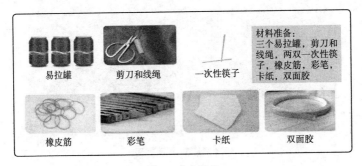

材料准备：
三个易拉罐，剪刀和线绳，两双一次性筷子，橡皮筋，彩笔，卡纸，双面胶

易拉罐　　剪刀和线绳　　一次性筷子
橡皮筋　　彩笔　　卡纸　　双面胶

图1　准备用品

（三）帆船制作

帆船制作三要素：船体、船帆、固定船帆。

1.易拉罐帆船的制作步骤

第一步：把三个易拉罐用双面胶两两固定（见图2）。

图2　第一步示意图

第二步：用橡皮筋把筷子固定在瓶子上，并在中间的易拉罐上打一个小孔备用（见图3）。

图3　第二步示意图

第三步：在卡纸上涂上自己喜欢的颜色并裁剪出来，上下各开一个小孔，用一根筷子串起来（见图4）。

图4　第三步示意图

第四步：把帆插在中间易拉罐的孔里，并用绳子将帆固定（见图5）。

图5　第四步示意图

2. 跟着视频，模仿制作帆船

图6为制作好的帆船。

图6　制作好的帆船

小贴士：制作帆船时应注意什么？

制作帆船的注意事项如下：

（1）易拉罐的连接要保持在同一平面。

（2）易拉罐两边用筷子和橡皮筋固定住。

（3）易拉罐中间孔洞的大小要合适。

（四）制作帆船，创意无限

让学生充分发挥想象力和创造力。图7为学生作品展示。

图7　学生作品

（五）作品展评，扬帆起航

（1）向同学们展示帆船作品（见图8），并说说制作过程和创新之处。

图8 各种帆船成品

（2）评一评：我是帆船工程师！

通过观摩同学制作帆船的过程，请你从牢固美观、畅游水中、注意安全、认真研究四个方面评一评小组同学的表现（见图9）。

评价内容	我的奖章		
牢固美观	🏅	🏅	🏅
畅游水中	🏅	🏅	🏅
注意安全	🏅	🏅	🏅
认真研究	🏅	🏅	🏅

图9 学生评价内容

（六）说一说你的收获

通过这节课的学习你有哪些收获？说说自己的感受。

（七）拓展延伸

巧用易拉罐，美化生活。例如，易拉罐小台灯、易拉罐装饰品（孔雀、龙等）、易拉罐艺术品（恐龙等）。

第二课时

【教学目标】

1. 通过本课学习，了解可回收垃圾的价值和进行再利用的过程与方法，并掌握简单的可回收垃圾（如塑料瓶、废纸等）艺术品的制作方法。

2. 在掌握制作技能的基础上能进行创造性的制作，提高学生的动手能力和创新能力。

3. 增强学生的劳动意识、环保意识、团队协作意识和审美情趣。

【教学重难点】

教学重点：了解可回收垃圾的价值和进行再利用的过程与方法，掌握简单的可回收垃圾（如塑料瓶、废纸等）艺术品的制作方法。

教学难点：掌握简单的可回收垃圾（如塑料瓶、废纸等）艺术品的制作方法。

【教学准备】

课件PPT、易拉罐、剪刀、线绳、塑料瓶、废纸、一次性筷子、橡皮筋、彩笔、双面胶等。

【教学过程】

（一）创意帆船作品展

师：在上节课我们学习了用易拉罐制作帆船。课后有些学生进行了再创造，利用泡沫、吸管、塑料瓶盖做出了小帆船（见图10）。

图10 学生作品展示

生活中的可回收垃圾除了可以做成手工作品之外，还有哪些用途呢？（学生代表说一说）（见图11）

图11　可回收垃圾做的艺术品

生：废纸回收后可以做成卫生纸或其他纸张。

师：把回收的易拉罐压实后送到工厂，经过再加工可做成铝条，作为其他铝制品的原材料。塑料垃圾也可以回收再利用，我们一起来看一下它的回收利用过程，（播放视频）这样的再利用比较耗费人力和物力。

（二）废品的获取与利用

师：我们自己在生活中也可以对可回收物品进行简单的再利用和再制作，对于废品的再利用我们要注意以下两点。

1. 获取

把家中准备丢弃的东西，根据需要、可利用的原则"留"下进行再利用，做到有选择、有舍弃，注意安全、卫生。

2. 利用

利用时要考虑它的材料（纸盒—卡纸）、形状（瓶盖—圆轮）、颜色（包装纸—彩色）、容积和空间（可乐瓶—装水）、性能（易拉罐—金属不怕热）。

师：为了帮助大家更好地进行垃圾分类，获取可以利用的材料，垃圾分类科普教育馆应运而生，让我们走进深圳市各区的垃圾分类科普教育馆看一下。（播放视频）

深圳市南山区垃圾分类科普体验馆（见图12）：互动灯光艺术装置酷炫，展现垃圾分类元素，凡·高的向日葵热烈绽放、绚烂的花瓣漫天飞舞……种种生态环保场景，在光影变幻中，栩栩如生，尽现眼前。

图12　深圳市南山区垃圾分类科普体验馆

（三）废品的价值

师：我们学会垃圾分类之后，还要明确可回收物品的价值。请同学们思考一下，废品有哪些价值呢？

师：是的，同学们说的都对，可以把可回收物品拿去废品回收站卖。下面让我们详细了解一下它的价值。（播放视频）

1. 可回收垃圾的经济价值

可回收垃圾的经济价值示意图如图13所示。

图13　可回收垃圾的经济价值示意图

2. 垃圾的艺术

师：废品除了有经济价值之外，它还蕴含着大量的艺术性。

超级链接：2020年，深圳设计周在分会场"垃圾去哪儿啦"中设计了环保互动生活艺术展（见图14）。艺术展览作品中有很多关于垃圾分类的趣味小知识，还有一些艺术达人做成的各种各样的艺术品。

图14　环保互动生活艺术展

知识分享："我们被垃圾包围啦"。

在北京的文化生活广场,有一个巨型的公共艺术装置——可乐卷(见图 15)。这件装置由17000个塑料可乐回收瓶组成,内部采用钢结构支撑,呈现出曲线形的可口可乐商标图案形态。不起眼的可乐瓶组合起来竟有如此震撼的效果,这件艺术品提醒我们废物回收利用也可以创造新的价值,同时警醒大家,我们的生活环境已被垃圾包围,同学们一定要提高塑料垃圾回收的环保意识。

图15　公共艺术装置可乐卷

展厅的隔墙是各种回收废弃物原料,有书本、电脑板、废电池、电线皮、旧光碟、塑料瓶、亚克力等,五颜六色,不仔细看还以为是特殊的装饰物,旁边的标志牌上写着名称和回收用途(见图16)。

图16　展厅的隔墙

3. 垃圾中的艺术和经济

师：可回收垃圾除了可以做成艺术品进行展览之外，它还可以制成价值翻倍的商品。它能做成什么样的商品呢？让我们一起在视频中寻找答案。（播放视频）

生1：视频中讲述了世界上第一个用可回收垃圾做原料装修的商店。

生2：英国的时尚店，巴西的易拉罐拉环挎包工厂。

生3：售卖易拉罐拉环做成的挎包。

……

师：在中国，我们有更多融入中国传统文化的艺术性商品（见图17）。

图17　中国传统文化的艺术性商品

PPT展示易拉罐做的凤冠、人物画像装饰画等。

（四）动手制作，创意无限

师：看了这么多可回收垃圾做成的艺术品，同学们也都非常想去实践，动手做一做了。

同学们，请动脑想想，生活中的垃圾都可以做成什么样的艺术品？例如，用啤酒瓶盖制作小花、装饰画、风铃（见图18）；又如，开心果果壳制作的莲花（见图19）。

图18　用啤酒瓶盖制作小花、装饰画、风铃

图19　开心果果壳制作的莲花

1. 制作前的材料准备

师：在制作之前，我们要准备好材料（学生说一说都准备了哪些物品）（见图20）。

图20　需准备的材料

2. 跟着视频模仿，创新再制作

制作1：制作笔筒的主要材料有塑料瓶、水果保护网、剪刀、彩色卡纸等。

制作2：制作花盘的主要材料有塑料瓶、剪刀、美工刀等。

制作3：制作灯笼的主要材料有废旧红包、剪刀、美工刀、双面胶、红绳等。

（五）作品展评，扬帆起航

（1）向同学们展示你的作品（见图21、图22），并说说你的制作过程和创新之处。

图21　酸奶瓶做成的画笔收纳盒，用矿泉水瓶等做成的笔筒、肥皂盒、花盆

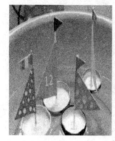

图22　利用不同的可回收材料制作乘风破浪小帆船

（2）通过观摩同学的制作过程，请你从牢固美观、废品利用率、注意安全、认真研究四个方面评一评小组同学的表现（见图23）。

评价内容	我的奖章		
牢固美观	🏅	🏅	🏅
废品利用率	🏅	🏅	🏅
注意安全	🏅	🏅	🏅
认真研究	🏅	🏅	🏅

图23　评价内容

（六）你的收获

通过这节课的学习，你有哪些收获？说说自己的感受。

班会设计

班级规划

班级活动

管理妙招

教育故事

微笑星光，斗志昂扬

——"星光"班级发展规划

深圳市光明新区公明长圳小学　马雪茹

一、发展目标

总目标和分段目标规划图如图1所示。

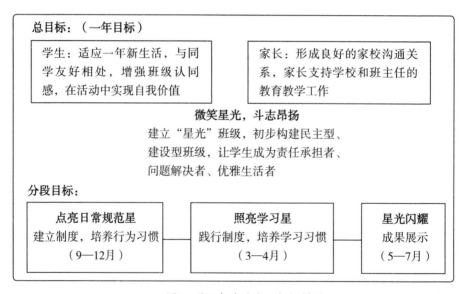

图1　总目标和分段目标规划图

二、特色发展内容

（一）班级文化星光路

开展以"秉承传统文化，弘扬民族精神"为主题的"传统文化系列教育"，主要分布在知识展示板块。

（二）班级管理星光路

以工资等级对学生进行量化评定并发放星光币，通过"班级座位拍卖"活动促进星光币流通，以量化评价方式促进班级小组竞争与个人成长同步发展。

三、具体实施

第一阶段：点亮日常规范星（9—12月）

1. 9—10月

主题活动：

（1）"我是校园星"：开展"大手拉小手"活动，让高年级学生带领低年级学生或新生熟悉校园，学习学校、班级礼仪文化。

（2）"我是管理星"：开展竞选活动，组建班干部队伍（见图2），做到人人有事做，事事有人做。

图2　名牌

（3）"我是生活星"：开展"我是自理小能手"主题班会之整理书包大比拼。

日常管理：

（1）组建"星空联盟"，成立家委会。

（2）严抓学生日常行为规范。

（3）建立学生和班级的成长档案袋。

文化建设：

（1）美化教室，让教室的每个角落都有教育意义（见图3）。

（2）制定星盟，确定盟约，口号响亮。

图3 教室角落布置

2. 11—12月

主题活动：

（1）开展主题班会："让校服成为一道亮丽的风景线""文明用餐有你有我"。

（2）"我是示范星"：开展行为习惯评比活动。

（3）"家校联盟"：召开家长会，与家长达成育人协议，联手促进学生成长。

（4）"校园之星"：选出"管理星""学习星""才艺星""进步星"等，进行表彰。

日常管理：

设立"小小督察员"，负责每天检查小组学生的书包和抽屉，管理学生集队、午餐的纪律。

文化建设：

（1）张贴表扬栏、宣传栏、光荣榜。

（2）丰富课间活动：跳绳、跳皮筋、做游戏等，使学生既健体又受教育。

3. 寒假

主题活动：

（1）"我是阅读星"：亲子共读绘本。

（2）"我是实践星"：总结寒假社会实践活动，评选优秀学生进行表彰。

（3）开启"首周合格考核"，每个学生有一周的调整时间，首周考验合格的颁发证书。

第二阶段：照亮学习星（3—4月）

主题活动：

（1）"我是助人星"：通过学雷锋系列活动，帮助身边的人，做力所能及的事。

（2）"我是守护星"：利用三八节的契机，开展护蛋活动（见图4）。

（3）开展主题班会："你说我听，尊重同行""问答响亮，自信飞扬"。

图4　展示墙

日常管理：

（1）完善成长档案。

（2）实施班干部轮换制，利用班会课进行班干部岗前培训，教授管理班级的方法。

（3）星星联盟：一对一帮扶，定期表彰优秀组合，一同前行不掉队。

文化建设：

（1）张贴学生参加各类活动的照片。

（2）学习方法展示。

第三阶段：星光闪耀（5—7月）

主题活动：

（1）"我是孝顺星"：通过"父亲节""母亲节"，表达对父母的爱，献上自己的礼物。

（2）"我是才艺星"：在庆六一活动中，展示才华。

（3）"我是数学星"：通过口算比赛，汇报学习成果（见图5）。

图5　学生学习

（4）开展"闪亮星星"颁奖会，家长和学生一同分享这一年的学习与生活感受。

日常管理：

（1）评价星多多：量化评比，每月表彰，星类繁多，激励向上。

（2）完善成长档案。

（3）设置个人期末目标和班级期末目标；规划下一阶段发展目标。

文化建设：

（1）家校星盟：定期反馈、家委协助、共促成长。

（2）制作"班级合影册"，形成"大家庭"氛围。

成为最喜欢的自己

——班级发展规划（初中学段三年）

深圳市光明区公明中学　黄欣怡

班训：慧而明理，敏而好学

班级标语：生而有翼，直上九霄

班徽：国画元素、大鱼化鹏、君子品德、荷塘效应（见图1）

图1　班徽

为了培养德智体美劳（五育并举）全面发展的新时代中国特色社会主义建设者和接班人，结合党的教育方针、社会发展需求、光明科学城建设、学校办学理念、中学生发展规律与学情实际，设计初中学段三年班级发展规划（见图2）。

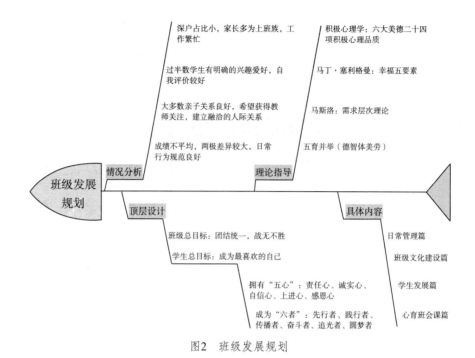

图2　班级发展规划

一、班级情况分析

班级共49人，其中男生27人，女生22人。深户占比小，家长多为70后、80后上班族。独生子女较少。班级合影如图3所示。

图3　班级合影

根据学生基本信息、学生自我评价、亲子关系评价、自我期待四个方面初步收集信息，分析班级优势和关注点。

（一）班级优势

（1）大多数学生自我评价良好，具备一定的自信心；情绪稳定，心理健康呈良性发展趋势。

（2）过半数学生有明确的兴趣爱好，个别学生从小培养特长，学生发展体现多元化。

（3）亲子关系基本融洽，家庭氛围良好，为家校合作奠定了基础。

（4）学生渴望拥有和谐的师生关系、亲密的同学关系，希望自己考上普高，愿意为自己更好的未来而努力，行为内驱力较强。

（二）班级关注点

（1）两极分化较严重，个别学生压力过大，需要心理疏导。

（2）行为习惯仍需要加强。

（3）多样化的学生生涯规划指导，满足特长生和后进生的发展。

（4）通过观察，学生具有畏难情绪，容易心浮气躁，意志力需要磨炼。

二、发展规划设计理念

（一）积极心理学：六大美德二十四项积极心理品质

（1）智慧和知识：创造力、好奇心、开放思想、热爱学习、有视野（洞察力）。

（2）勇气：真诚、勇敢、坚持、热情。

（3）仁慈与爱：友善、爱、社会智能。

（4）正义：公平、领导力、团队精神。

（5）修养与节制：宽容、谦虚、谨慎、自律。

（6）心灵的超越：审美、感恩、希望、幽默、信仰。

（二）马丁·塞利格曼：幸福五要素

积极心理学家马丁·塞利格曼在《持续的幸福》一书中提出了人的幸福有五大关键要素，即愉悦的感受、成就感、做喜欢并擅长的事、温暖而持久的亲密关系、帮助他人。

（三）马斯洛：需求层次理论

根据个体的不同需求，可进行调整，因材施教（见图4）。

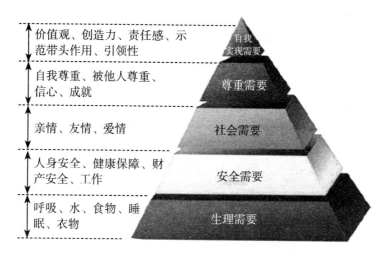

价值观、创造力、责任感、示
范带头作用、引领性 — 自我实现需要

自我尊重、被他人尊重、
信心、成就 — 尊重需要

亲情、友情、爱情 — 社会需要

人身安全、健康保障、财
产安全、工作 — 安全需要

呼吸、水、食物、睡
眠、衣物 — 生理需要

图4　马斯洛需求层次理论示意

（四）五育并举

坚持五育并举，全面发展素质教育。

三、班级发展规划顶层设计

（一）班级建设总目标：团结统一，战无不胜

建立一个有凝聚力、有集体荣誉感的班集体。班集体中的每一个人都能发挥自己的价值，让自己和他人感到幸福。

形成勤学、爱学、善学、比赶超的学风，形成互助、互勉、互契、共进步的班风。

（二）学生发展总目标

学生发展总目标是成为最喜欢的自己。拥有"五心"——责任心、诚实心、自信心、上进心、感恩心；成为"六者"——先行者、践行者、传播者、奋斗者、追光者、圆梦者。

四、班级发展规划具体内容

初中三年整体规划融为一体，环环相扣，可将具体实施分为四大板块：日常管理篇、班级文化建设篇、学生发展篇、心育班会课篇，以求达到班级发展总目标和学生发展总目标，切实培养具有六大核心素养、德智体美劳全面发展的担当民族复兴大任的时代新人。图5为"红花少年杯"班级足球比赛。

图5　"红花少年杯"班级足球比赛

三年一体班级日常管理分为三个阶段，每个阶段的侧重点不同，循序渐进，强化学生良好行为习惯和法治意识的养成。初一重点在于班干部的组建和培养，实行"人治"；有了初一的基础，大部分学生具备了管理班级的经验和能力，初二重点在于班规的细化和执行，进入"法治"；初三则形成了良好的班风、学风，重点在于培养学生的自我约束力，让班级走向"自治"。班级日常管理流程如图6所示，初一、初二管理规划见表1、表2。图7为学生获奖合影。

（一）欲为吾班除弊事——日常管理篇

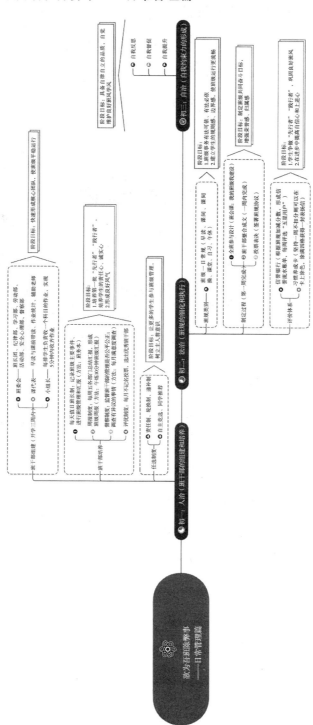

图6 班级日常管理流程

表1 初一管理规划

时间	内容	特色做法	目标
新学期 9月前三周	班干部组建：班委会15人，课代表13人，全员小组长	开展主题班会，自主竞选或同学推荐，不记名投票	快速形成核心管理团队，保证班级运行
9月第一周	制定简易班规	根据学校"一日常规"进行修改	简明、易操作，方便班干部管理，加速习惯的培养
全学年	班干部培养（责任制、轮换制、递补制）	每天值日班长负责统筹管理，及时汇报；每周五各部门利用午练10分钟进行一周总结；每月开展一次班干部满意度调查，不记名投票，选出优秀班干部	1.培养第一批"先行者""实践者"，培养学生的诚实心、责任心。2.形成良好的班风。3.让更多的学生参与班级管理，树立主人翁意识

表2 初二管理规划

时间	内容	特色做法	目标
新学期 9月第一周	定制班级"一日常规"（早读、课间、课间操、午休、课堂、自习）	1.召开主题班会：我的班级我建设，全体学生参与制定。2.班干部整合成文。3.投票表决通过，并签署班规协议	1.班级管理进一步细化，实现有法可依、有法必依。2.提升参与感，明确班级奋斗目标，增强集体荣誉感、归属感
全学年	利用"信誉银行""习惯养成卡"强化班级管理	1.个人信誉存折，每周表彰。2.习惯养成卡，每月表扬信	1.形成良好的班风。2.学生在点滴进步中提高自信心、上进心。3.成为"先行者""践行者""奋斗者"

图7　学生获奖合影

初三延续初一、初二的管理方法，经过两年的建立、培养和巩固，学生的行为习惯已自动化，逐步实现学生能自我约束、监督管理的目标，有效减少了初三学生的学业压力、时间分配压力。良好的班级氛围，也促进了学生的身心发展。

（二）润物细无声——班级文化建设篇

班级文化建设（见图8）重点在于突出德育实效方面，深化文化育人、活动育人、实践育人、协同育人。因此，班级文化建设大力开展理想信念、社会主义核心价值观、中华优秀传统文化、生态文明和心理健康教育活动，加强爱国主义、集体主义、社会主义教育，引导学生听党话、跟党走，打造社会实践大课堂，充分发挥教育基地、各类公共文化设施与自然资源的重要育人作用，努力将学生培养成活动的"践行者"和正能量的"传播者"。

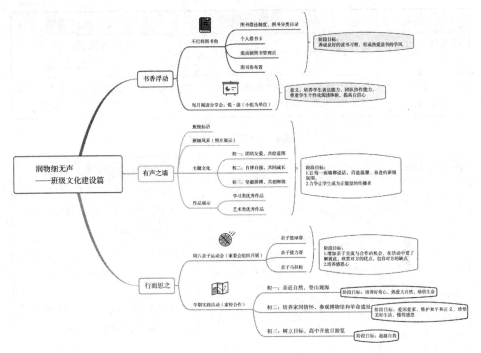

图8　班级文化建设

（三）天生我材必有用——学生发展篇

根据初中生心理特征和自身发展需求，着重解决强烈的自我意识和身心限制的矛盾，提升学习技能，发掘适合自己的职业领域。因此，坚持充分发挥劳动育人的作用，深入学习实践、社会实践、劳动体验，在劳动和实践的过程中收获知识技能，锻炼动手能力，提升服务意识，促进身心健康发展，培养真正的"践行者"和"奋斗者"。初一至初三教学预想如表3至表5所示。

表3　初一教学预想

初一目标	过程与方法	预想效果
提升自我认知	绘制"自画像"，做成名片卡立在桌子上，重点突出"性格""兴趣""能力"	帮助学生知己知彼，取长补短，悦纳自我
养成良好的学习习惯：书写、笔记、阅读	1.准备学科笔记本（整理课堂重点，归纳知识点，收集错题）。 2.建立阅读小组，批注阅读，每周写读书随笔	形成良好的基本学习习惯，实现自动化

续 表

初一目标	过程与方法	预想效果
培养良好的运动习惯	坚持每日锻炼打卡，培养1~2项运动技能	增强体质，掌握1~2项体育运动技能
初步探索自己的能力领域	举办各种活动，如诗歌朗诵会、班级辩论赛、课本剧表演、科技小发明等	找到自己擅长的领域，发展兴趣特长

表4 初二教学预想

初二目标	过程与方法	预想效果
掌握时间管理技巧	主题班会课：做时间掌控者	熟练运用时间管理"十一法则"和"时间管理象限法则"合理安排时间，打败拖延症
构建科学的学习方法	1.学生分享学习方法、技巧。2.优秀学长、学姐分享经验	面对不同学生的学习情况采用科学有效的方法，事半功倍
积极参与社会实践与拓展，加强美育教育	1.参加义工活动。2.参观社会实践教育基地（家校合作）	了解不同的职业价值，感悟劳动美，发现自己的职业兴趣
获得年级"学习标兵班级"	班级投名状	班级学习氛围更浓郁，以学习为己任

表5 初三教学预想

初三目标	过程与方法	预想效果
确定中考目标	1.分析自身实际，确定目标。2.制订好作战计划	明确定位，择优规划。坚定前进方向，让每个学生都有相应的发展，成为"追光者""圆梦者"
艺考生指导	与家长达成共识，获得专业老师的帮助	
职业生涯规划指导	选择感兴趣或就业前景佳的职业	

（四）长风破浪会有时——心育班会课篇

我校为心理健康教育示范校，对心理健康教育非常重视，办学理念"培养积极心理品质，力促师生最大发展"充分体现了对学生心理健康教育的重视程度。青春期是儿童发育到成人的重要转折时期，此时的心理健康对于培养独立健全的人格、形成自信自强的精神品质、树立理想信念和生活目标都至关重要，在班级规划发展中，心育班会课应成为重要的一环。结合积

极心理品质的内容以及学校的办学理念，设计初中三年心育班会课主题
（见图9），覆盖六大美德的各个方面。图10为班级合影。

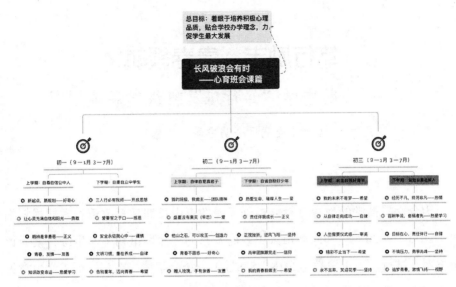

图9　心育班会课主题

图10　班级合影

笃行励志，青春领航

——公明中学"笃行班"班级发展规划

深圳市光明区公明中学　陈慧婵

为全面贯彻党的教育方针，根据《深圳市中长期教育改革和发展规划纲要（2011—2020）》和深圳市人民政府发布的《深圳市初中学生综合素质评价方案（试行）》（深教〔2018〕528号），结合学情，在广泛征求学生意见的基础上，我班制定了三年一体的班级发展规划，力图形成家校社合力，以期实现学生全面发展和个性成长，建设科学发展的班级（见图1）。

图1　和全班同学合影

一、班级发展基础

学生对于学习抱有较大热情，学习习惯和行为习惯较好。大部分家长虽工作繁忙，但仍重视孩子的教育和发展，班级建设得到多数家长的支持和帮助。

存在的问题：学生正处于青春期、发育期和心理变化关键时期，基本特征是强烈的矛盾冲突和心理动荡性，主要表现在价值困扰、情感困扰、学习困扰、人际关系困扰等方面。班级文化建设资源和活动资源尚需丰富，班级特色还不够鲜明。

二、班级指导思想

良性发展、积极进取的班集体可以促进学生的成长，自信乐观、品行高尚的学生也可以促进班集体的健康发展，最终实现班级、个人共同发展的目标。"笃行班"班级指导思想见图2、表1。

图2　班级指导思想

表1　"笃行班"班级指导思想

指导思想	内涵
五育并举，融合发展	坚持育人为本，按照德、智、体、美、劳"五育并举"育人模式，为推动师生全面发展做好顶层设计。通过"五育并举"与"三全育人"模式（全员育人、全程育人、全方位育人）等的构建，为班级完成"立德树人"根本任务找到了"五育""三全"的有效途径
生命教育，以生为本	叶澜教授提出："教育是直面人的生命、通过人的生命、为了人的生命质量的提高而进行的社会实践活动，是以人为本的社会中最体现生命关怀的一项事业。"班级的每个学生以其完整的生命个体形态存在于课堂生活中，他们不仅是教学的对象、学习的主体，而且是教育的资源，是课堂生活的共同创造者
核心素养，立德树人	培养积极心理品质，力促师生最大发展是公明中学的办学理念。将积极心理学融入班级发展，培养六大美德（仁爱、节制、智慧、勇气、超越、公正）和二十四项积极心理品质。用核心素养培养"全面发展的人"，注重学生文化基础、自主发展、社会参与三种能力，着力培养学生的人文底蕴、科学精神、学会学习、健康生活、责任担当、实践创新六大素养

三、班级发展目标

初中三年通过习惯育人、活动育人、文化育人、环境育人、榜样育人等育人方式，对班级进行顶层设计，将班级建成"学习型""活动型""智慧型""民主型"班级，将学生培养成"五育融合"的全面发展型人才（见图3）。

班级总目标：团结友爱，认真进取。

学生发展总目标：成为最好的自己。

图3　班级发展目标

四、学生发展任务

根据《深圳市初中学生综合素养评价方案（试行）》，联系学校七色花评价体系，结合班级学情，我设计了以德立身、浸润书香、强健体魄、陶冶情操、实践创新五项学生发展任务及评价方式，立志将我班学生培养成全面人才。

（一）以德立身

学习要求：

（1）牢记并践行社会主义核心价值观。

（2）积极参加升旗仪式，维护国旗、国徽、国歌的神圣和尊严。

（3）尊敬教师，尊重长辈，待人友善。

（4）坚守诚信，保持自律。

（5）积极参加公益活动。

（6）遵纪守法，遵守规则。

评价方式：

（1）利用课间不定时抽查社会主义核心价值观的掌握情况。

（2）强调升旗活动的纪律性和仪式感。

（3）每月评选"仁爱之星"，期末颁发"仁爱"勋章。

（4）每月评选"节制之星"，期末颁发"节制"勋章。

（5）每月评选"公益之星"，期末颁发"公益"勋章。

（6）班级流动记事本记录学生的在校表现。

评价标准：

（1）学生理解社会主义核心价值观的内涵，自觉践行社会主义核心价值观。

（2）学生无故不得缺席升旗仪式，自觉维护国旗、国徽、国歌的神圣和尊严。

（3）学生尊重师长，孝敬长辈，友善待人，具有合作精神。

（4）学生诚实守信，言行一致，勇于担当。

（5）学生参与志愿服务，每学期参加公益性活动不少于8小时。

（6）学生遵纪守法，自觉履行班规、校规，遵守法律法规。

（二）浸润书香

学习要求：

（1）学习勤奋刻苦，积极进取。

（2）培养阅读习惯，建立书香班级。

（3）制订学习计划，撰写学期反思。

（4）以热点时事为主题，积极参加至少一次演讲。

（5）鼓励参与一项小课题或调研报告。

评价方式：

（1）表彰学习成绩优异者、进步者、刻苦者。

（2）设计"悦·读银行卡"，评选每月"阅读之星"。

（3）对撰写优秀的学习计划和反思的学生进行表扬。

（4）举办班级演讲比赛。

（5）举办班级调研报告大赛。

评价标准：

（1）树立远大志向，勤学勤练，力创优秀。

（2）学生学会做阅读笔记、读后感、思维导图或书本批注等。

（3）开学制订学习计划，期末进行总结反思。

（4）学生积极参加演讲等文化活动。

（5）调研成果班级展示。

（三）强健体魄

学习要求：

（1）《国家学生体质健康标准》测试达标。

（2）每天参加班级组织的体育打卡。

（3）重视心理健康，积极参加心理健康教育活动。

（4）不沉迷手机、游戏机等电子产品。

（5）每学期至少参加两次安全演练活动。

评价方式：

（1）体质测试表现优秀，期末颁发"超越"勋章。

（2）设计"悦·动银行卡"，评选"体育之星"。

（3）定期召开心育课，培养学生积极心理品质。

（4）正确使用手机，不沉迷。

（5）针对在活动过程中态度不认真的学生，进行安全教育。

评价标准：

（1）提高体育能力，重视体育锻炼。

（2）积极参加体育运动，坚持阳光体育锻炼。

（3）重视身心健康发展。

（4）健康上网，拒绝网瘾。

（5）重视安全教育。

（四）陶冶情操

学习要求：

（1）上好音乐课，学唱一首教材歌曲。

（2）上好美术课，学画一幅画。

（3）积极参加校内艺术节。

（4）参加学校第二课堂，加入艺术类社团。

评价方式：

（1）期末评选"班级小歌手"。

（2）期末评选"班级小画家"。

（3）期末评选"班级小明星"。

（4）举办第二课堂教育教学成果会演。

评价标准：

（1）学会用音乐陶冶情操。

（2）学会用美术陶冶情操。

（3）学会用艺术陶冶情操。

（五）实践创新

学习要求：

（1）假期参加社会实践活动。

（2）积极参与班级值日。

（3）积极进行家务劳动。

（4）为班级建设提供一个"金点子"。

（5）参加科技创新活动。

评价方式：

（1）举办社会实践成果展。

（2）每月评选"节制之星"，期末颁发"节制"勋章。

（3）班级放置"金点子"簿，可畅所欲言。

（4）期末颁发"超越"勋章。

评价标准：

（1）利用假期参观博物馆、美术馆。

（2）校园内重视劳动教育。

（3）家庭中重视劳动教育。

（4）帮助解决生活中的小问题。

（5）激发对科技知识的兴趣。

五、班级发展保障

班级发展保障如图4所示。

图4 班级发展保障

六、班级发展措施

为将班级建成"学习型""活动型""智慧型""民主型"班级，将学生培养成"五育融合"的全面发展型人才，针对班级常规管理、班级文化建设、假期实践活动、心育班会课等方面，要形成三年一体的规划。"笃行班"三年一体班级发展措施如图5所示。

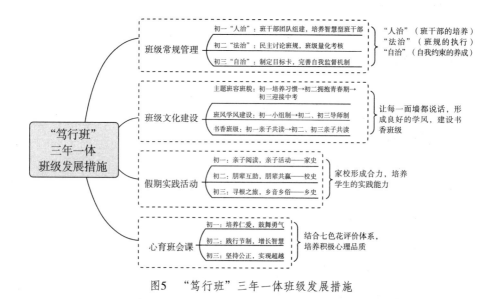

图5 "笃行班"三年一体班级发展措施

七、现有成果展示

"笃行班"三年一体班级发展规划自设计以来，已在家庭、学校、社区三方合力下，有条不紊地实施了前两年的规划，取得了一定的成果。

（一）以德立身篇

学生积极参加公益活动，荣获七色花仁爱勋章（见图6）。

图6　学生参加公益活动

（二）浸润书香篇

学生积极参加小课题采访调研、演讲比赛等活动（见图7）。

图7　"七色花开　向阳生长"演讲比赛

（三）强健体魄篇

学生利用课余时间锻炼身体并参加相关活动（见图8）。

图8　阳光体育一小时

（四）陶冶情操篇

学生登上舞台展示自己的风采（见图9）。

图9　校园舞蹈之星大赛

（五）实践创新篇

依据积极心理学和新基础教育理论，利用家庭、学校、社区等资源力促学生的全面发展。此规划在实施过程中始终全面贯彻党的教育方针，立足班情，不断完善。希望通过理论知识的不断丰富和实践经验的不断累积，为班级发展规划做出有益的探索（见图10、图11）。

图10　初一假期实践活动"寻根·家史家谱"

图11　初二假期实践活动"职业初体验：当一回白衣天使"

致远少年逐梦行，青春路上绽芳华

——聚焦"核心素养"提升的2019级一班班级发展规划设计

深圳市光明区理创实验学校　肖珍珍

为全面贯彻党的教育方针，坚持立德树人，用新时代中国特色社会主义教育思想铸魂育人，结合当前中国教育思想与学生发展体系、学校育人目标与本班实际，特制定本班级发展规划。

一、班级现状分析

（一）班级优势

班级优势架构图如图1所示。

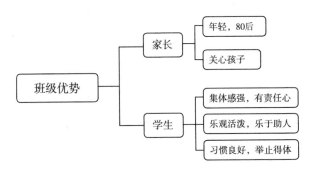

图1　班级优势架构图

（二）班级存在的问题

班级存在的问题明细图如图2所示。

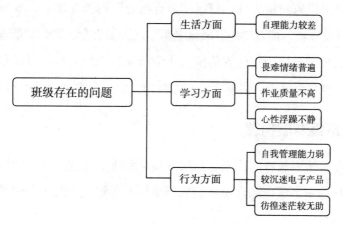

图2　班级存在的问题明细图

（三）学生心理分析

后疫情时代，学生青春发育期与心理闭锁期的特征日益明显。学生心理问题分析如图3所示。

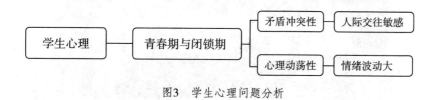

图3　学生心理问题分析

（四）班主任教育理念

我秉承着"教育的本质是点燃、激励、唤醒和鼓舞"的教育初心，躬耕于教坛，以"一颗真心，一片真诚"，尊重和关爱每一名学生，努力在班级管理中营造"每一个学生都是主心骨"的和谐氛围。

二、指导思想

2021年3月5日第十三届全国人民代表大会第四次会议所做的《政府工作报告》中指出："发展更加公平更高质量的教育。构建德智体美劳全面培养的教育体系""努力让广大学生健康快乐成长，让每个孩子都有人生出彩的机会"。

基于以上国家政策方针，根据"五育融合"的教育理念，本班将秉承学校"教育就是成就，成就学生，成就老师"的办学理念，践行"明理诚信，睿智笃行"的校训，以中华优秀传统文化为载体，以培养良好习惯和高尚品德为主线，培养身心健康、情趣高雅、志向远大的社会主义建设者和接班人。

三、班级发展构想

坚持在集体中教育的原则，班级发展从制度、文化、活动等诸多方面进行，全力打造一个学生综合素质高的班集体（见图4、图5）。班级发展架构图如图6所示。

图4　与学生合影

图5　班级合影

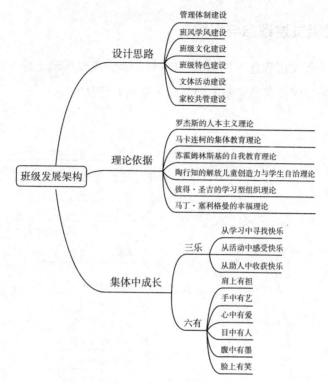

图6　班级发展架构图

四、班级发展目标

设计符合本班班情的班级发展目标（见图7）。

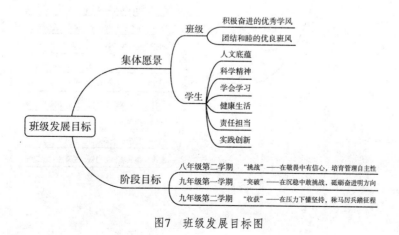

图7　班级发展目标图

五、班级发展理念与组织

规划好班级发展理念（见图8）这一核心，合理安排班干部人选，明确其职责所在，为班级发展奠定坚实的基础（见图9、图10）。

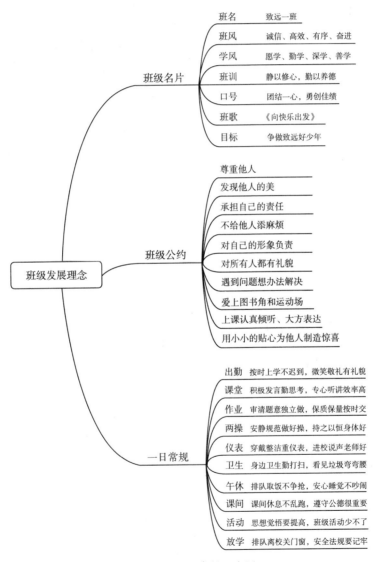

图8　班级发展理念图

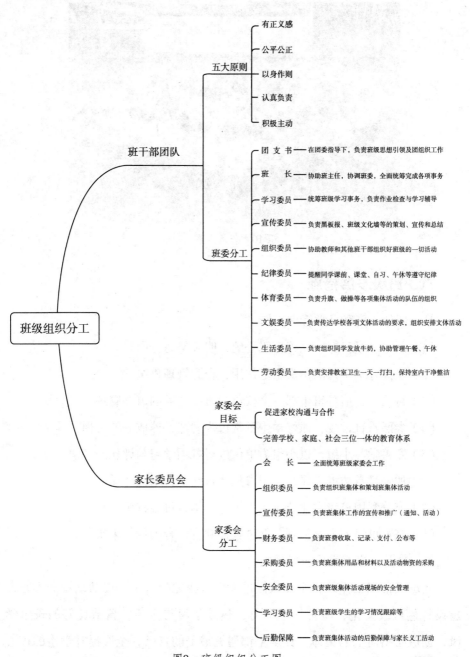

图9 班级组织分工图

图10　班级合影

六、班级发展措施

第一部分：班级日常管理工作

（1）制定班级目标，完善班级公约，明确努力方向。

（2）发挥好班干部的带头示范作用，合力管理班级。

（3）每天一名值日班干部，全权负责班级一天的事务管理。

（4）参照一日常规，抓好学生日常行为规范，养成好的习惯。

（5）完善学习小组，以小组为单位进行各项学习与评比。

（6）加强日常防疫工作，组织参加体育活动，增强体质。

（7）充分利用班级文化墙、黑板报等，构筑班级特色文化。

（8）完善班级家委会机制，促进家校共育，合力创造未来。

第二部分：班级发展阶段举措

除班级常规工作外，主要从促进学生自我觉醒入手，以活动浸润人心，建设特色班级文化，激发学生潜力，热爱学习与生活，营造良好的班风学风，创造团结向上的集体，让学生都遇见最美的自己，全面提升学生的核心素养。

（1）八年级第二学期（见表1）。

表1　"挑战"——在敬畏中有信心，培育管理自主性

时间	主题	特色主题活动	班级文化建设	家委会活动	核心素养
2021年2月	寒假收心，踏上征程	1.开展寒假收心教育、综合安全教育、疫情防控主题班会。 2.检查寒假作业与寒假社会实践。 3.开展"我的20个优点"活动，确立自信点	1.确立班级新学期新目标。 2."快乐学习，幸福生活"主题黑板报	制订家委会新学期工作计划，统筹班级家长工作事宜	学会学习、责任担当
2021年3月	学习雷锋，乐于助人	1.开展学雷锋主题教育动员大会。 2.学生为班级做一件有意义的事，如帮助学校保洁阿姨打扫一次卫生等。 3.开展"带给母亲一个惊喜"的三八妇女节感恩活动	1.学雷锋手抄报展览。 2.召开班干部会议，明确岗位职责，重新调整座位，分配学习小组	召开家委会，落实每周末两天健康检测工作	学会学习、健康生活
2021年4月	清明追思，缅怀先烈	1.开展清明节追思活动，进行革命传统教育。 2.观看红色电影《闪闪的红星》，忆峥嵘岁月，书写感悟。 3.开展红色经典诵读活动	1.红色观影活动心得分享。 2."悦读时光"图书角建设。 3.世界读书日征文展览，评选阅读明星	组织班级家长在家与孩子共同观影，分享观影感悟	责任担当、学会学习
2021年5月	五四精神，代代相传	1.五一劳动节假期进社区做义工志愿服务。 2.学习五四精神，学习共产主义青年团知识，开展"如何发扬五四精神"的主题讨论会。 3.班级开展"十佳魅力男神/女神"评比活动。 4.开展"沟通，从心开始"心理剧表演	1.《钢铁是怎样炼成的》读书分享会。 2."我们是新时代青少年"主题演讲	1.组织班级家长带领孩子进社区开展义工服务与安全监督工作。 2.协助组织、筹划班级家长会	人文底蕴、学会学习、责任担当、健康生活

时间	主题	特色主题活动	班级文化建设	家委会活动	核心素养
2021年6月	展示青春，无限风采	1.开展"我型我秀"班级才艺表演活动。2.开展"青春应该坚持梦想还是立足现实"与"成长过程中能力与机遇谁更重要"两次主题辩论会。3.茅洲河绿道沿湖采风，了解当地河水治理历史与水源知识，学会珍惜水资源	1."我的青春我做主"书画作品展示。2.营造"信心百倍，冲刺会考"的文化氛围	1.征集班级学生家长与孩子的全家福，展示班级亲子风采。2.协助组织学生会考后勤保障工作	人文底蕴、健康生活、科学精神、实践创新
2021年7月	百年诞辰，你我共祝	1.党史教育主题班会。2.班级"唱响红歌"爱国主义歌曲演唱比赛。3.观看《建党大业》，感受"红色浪潮"。4.参观光明科学城规划展厅	1."红色经典"书法作品展。2.制订暑期学习与实践计划	号召家长在暑假期间带领孩子参观深圳博物馆等场所，接受革命传统教育	人文价值、责任担当、学会学习、科学精神

（2）九年级第一学期（见表2）。

表2　"突破"——在沉稳中敢挑战，砥砺奋进明方向

时间	主题	特色主题活动	班级文化建设	家委会活动	核心素养
2021年8月	暑假收心，初三动员	1.开学准备，开展暑假收心教育、综合安全教育主题班会。2.检查暑假作业与暑假社会实践	1.确立班级新学期新目标。2.完善班级奖惩制度	制订家委会新学期工作计划，统筹班级家长工作事宜	学会学习、责任担当
2021年9月	勇往直前，踏上征程	1.入学摸底考试总动员。诚信应考，无惧风浪。2.制订初三学习计划。3."放飞梦想，扬帆起航"主题班会	1.制作贺卡庆祝第37个教师节。2."迈入初三，勇往直前"主题黑板报	协助组织开展初三线上家长动员会	学会学习、健康生活、实践创新

时间	主题	特色主题活动	班级文化建设	家委会活动	核心素养
2021年10月	国在心中，勇于担当	1．"祖国在我心中"爱国教育主题班会。 2．"青年的使命担当"主题演讲	1．中华人民共和国成立72周年优秀作品展览。 2．《艾青诗选》等作品读书分享会	协助教师开展家访活动	人文价值、责任担当、科学精神
2021年11月	立志学习，勇往直前	1．"我的目标高中"主题班会。 2．民主制订"学习你追我赶"方案，征集意见投票确定，营造浓郁的学风。 3．"我们是学习的学友"班级活动，自由组成小组，相互进步	1．用卡片书写理想高中，贴于班级文化墙。 2．开展书香班级读书交流会，班级"小读者"轮流展示	举办班级"百家讲坛"，邀请名家为学生讲解学习的重要性与提高自信心的方法	人文价值、责任担当、学会学习
2021年12月	全面发展，综合提升	1．"文明校园，你我共建"的主题活动，如宣传海报、手签横幅等活动方式。 2．第四届"体育节"校运会之班级花样体育交际活动，促进学生健康成长。 3．"绿色校园行"垃圾分类宣传活动，保护环境，增强责任感。 4．绿色书签制作大赛	绘制以"雅"为主题的黑板报	协助组织初三家长会，提供活动后勤保障	学会学习、健康生活、责任担当、科学精神、实践创新
2022年1月	全力以赴，无悔青春	1．期末考试动员会。 2．"我学习我快乐"经验交流主题班会。 3．学校三好学生、"卓越之星"、"明理之星"等校园之星评比活动。 4．班级寒假学习与读书计划专题讲座	三好学生、"卓越之星"、"明理之星"等班级风采展示	1．协助邀请学习规划名师讲解寒假计划。 2．做好家长寒假陪娃学习动员工作	学会学习、责任担当、实践创新

（3）九年级第二学期（见表3）。

表3 "收获"——在压力下懂坚持，秣马厉兵踏征程

时间	主题	特色主题活动	班级文化建设	家委会活动	核心素养
2022年2月	寒假收心，开学动员	1.开展寒假收心教育、综合安全教育班会。2.检查寒假作业与寒假社会实践	"新学期新征程"心语心愿	全面统筹班级家长工作事宜	学会学习、责任担当
2022年3月	心存感恩，满怀斗志	1.学雷锋，为班级做一件好事。2.庆祝三八妇女节，为母亲做一件事。3.第一轮综合复习。4.初三百日誓师大会。5.职业生涯规划教育，了解不同领域前景	"你我共赴辉煌未来"立志系列主题黑板报	制作班级初三百日誓师大会横幅标语	学会学习、健康生活、实践创新
2022年4月	读书浸润，你我心灵	1.开展班级共读一本书系列活动。2.分层动员学生，确定一模目标。3.复习准备一模考试	各科复习思维导图展览	初三家长主题学习教育——"如何做一名初三孩子的家长"	人文底蕴、责任担当、科学精神
2022年5月	备战考试，全力以赴	1.一模成绩分析，调整下一轮复习计划。2.英语口语考试。3.体育中考。4.填报志愿。5.拍摄毕业照	"树立信心，科学复习"学习方法系列主题黑板报	协助开展填报志愿家长会	责任担当、学会学习
2022年6月	中考在即，金榜题名	1.二模及成绩分析。2.动员落实中考前各项常规工作。3.考前心理疏导。4.初三中考	召开班干部会，表扬班级特色活动中的优秀学习小组	协助开展有关中考注意事项家长会	学会学习、责任担当、健康生活
2022年7月	青春旋律，衷心祝福	1.初三毕业典礼。2.班级青春会，"我们的回忆"视频播放，回顾三年来的成长历程。3.静候佳音	综合各科教师反馈，运用班级奖惩机制，评选"优秀毕业生"	落实班级各项家长事务，圆满收官	学会学习、健康生活、实践创新

七、预期成效

经过"挑战""突破""收获"三个阶段综合能力的培养，希望班里的每个学生都能踏实认真、积极向上，真正成为自己人生的主人，努力创造属于自己的幸福人生。

虽然在规划实施的过程中可能会遇到很多问题和困难，但在今后一年半的时光里，我愿和学生一起探索未知的世界，寻找人生的美好。我坚信，天道酬勤，无惧风浪，定能扬帆远航。

班会设计

班级规划

班级活动

管理妙招

教育故事

创团结的集体，做最好的自己

——记前海港湾学校追光少年班研学之旅

深圳市南山区前海港湾学校　郭　凤

一、群策群力——活动策划完美落地

初冬时节，南国的冬天似乎还有秋的味道。草色微黄、金橘飘香、风景如画……正是研学好时节！

本学期班级微团队已建成，如何破冰？如何培养团队协作能力？如何促进班级集体团结和亲子之间的情感？家委会用心策划起来。

"双减"后，应多带孩子外出走走，让他们感受大自然之美，感受生活的多姿多彩，陶冶他们的情操，开阔他们的视野，培养生活实践能力，为他们的童年留下更多美好。

在会长歆琳爸爸的张罗下，我们确定了本次研学之旅的主题为"趣味田野，耕山小寨"。

主题确定好了，如何设计活动？需要准备哪些东西？这都是我们家委会需要思考的问题。大家共同商讨、群策群力，在班主任郭老师的引领下，最终我们的活动策划完美落地。

为营造本次研学之旅的氛围，我们家委会还为学生用心地准备了很多东西（见图1、图2）。万事俱备，只欠东风。

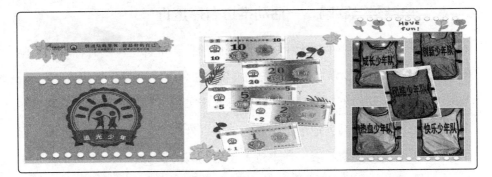

图1 班旗、标语条幅、班币、微团队队服

图2 研学之旅

二、集结号已吹响——活动推进有序进行

"走走走，我们小手拉大手，一起去研学！"常言道："有种幸福叫陪着你长大。""追光少年"班的家长们准备好了。

"追光少年"们更是期盼已久，早早起床来到学校，笑容满面。迎着冬日的暖阳，我们兴致勃勃地出发，奔向城市以外的"世外田园"。虽然车程遥远，但是学生的热情不减。在主持人千惠妈妈的带动下，学生和家长在车上互动起来：趣味方言，用家乡的语言表达一个共同的"爱"（我爱深圳、我爱港湾、我爱我的家人和朋友）；绕口令，学生个个都踊跃参与，乐在其中；车上K歌，学生向我们展示了最美、最纯真的歌声。此时此刻，我们的心靠得最近，处于最轻松愉悦的状态。没错，这就是幸福的味道！

在幸福中，我们到达了目的地——耕山小寨。

三、走在希望的田野上——活动进行时

刚踏入"世外田园"，迎接而来的便是小寨里热情的导游教练，他们训练有素地将我们带到大草坪集合、整队、拍照，然后我们开始享受欢乐时光（见图3）。

图3　研学合影

（一）卖力的拔河比赛

最经典的团队游戏当然首选"拔河"（见图4），过界论英雄，现场的气氛就如当空的红日一样热情似火。以微团队为单位的每个队员和家长们各自传授着拔河技巧，大家拧成一股绳，齐心协力，力争第一！

图4　拔河比赛

（二）默契的珠行万里——运珠子游戏

在运珠子游戏中，最考验大家的是合作精神，在保证珠子不落地的前提下，迅速将轨道乾坤大挪移，延伸到我们的终点。看到学生凝神静气，就知道他们都有一股不服输的精神。我们的学生认真地总结经验，配合默契，最终将珠子顺利地运到终点（见图5）。

图5 运珠子游戏

（三）有趣的真人打地鼠活动

小时候想必大家都玩过"打地鼠"的游戏吧，但一定没有玩过"真人版打地鼠"。这是关于"小地鼠"和"小农民"的一次斗智斗勇的战争。当教练把学生领到一块有"鼠洞的菜地"里时，学生一个个兴奋起来。这些地洞冒出来的"小地鼠"想要悄悄探出头来获取地洞旁边的食物，这些眼疾手快、身手敏捷的"小农民"跳来窜去，他们拿着锤子把头探到洞里寻找着，"咦？地鼠们都藏在哪儿呢"。当然，我们的"小地鼠"也不傻，躲的躲，藏的藏。在数个一攻一守的来回中，到底谁能够获胜呢？"真人打地鼠"游戏锻炼了学生对周围事物的反应能力以及对目标的锁定能力。

（四）特别的生日会

在这个欢乐且特别的日子，刚好是我们班同学炎林9岁生日。我们在小寨基地里举办了一个有特殊意义的生日会，他的爸爸妈妈还特意准备了精致美味的生日蛋糕！当生日蜡烛燃起，伴随着《生日快乐歌》一起欢唱，共同祝福！祝愿炎林同学生日快乐！梦想成真！

（五）有特色的拓印画活动

喜欢画画是孩子的天性，将美好的事物以绘画的形式表达出来。艺术来源于生活，今天我们学会了一门新的绘画技巧，那就是拓印画，将整个树叶的形状和色彩搬到一张白纱布上，形成一幅美妙的树叶风景画，它更像是一个标本（见图6）。真是美极了！

图6　拓印画活动

（六）充满期待的磨豆浆活动

你喜欢喝豆浆吗？你知道豆浆是用什么材料制作的吗？你知道它的制作过程吗？带着这些问题，我们一起去探秘吧！（见图7）

图7　磨豆浆活动

（七）美美的花海漂流活动

一群头戴小草帽的学生和家长坐在小船上，穿梭在一片汪洋的花海里。花朵在绚丽的阳光下绽放光彩。伴随着微风，有趣的稻草人似乎在向大家招手。远远望去就像一幅秋日的乡村油画！

（八）刺激的开越野车活动

开着越野车在颠簸的山路上，手握方向盘，脚踏油门，看我们是不是很帅气（见图8）！在学习的道路上，我们一定要有挑战精神。今天我们挑战成功啦！

图8　开越野车活动

（九）谨慎的射击与射箭活动

正所谓"开弓没有回头箭"，射出去的箭是回不来的，射击也是同样的道理。所以，我们要懂得做人做事一定要小心谨慎，决定好的事情一定要向前冲，不要被困难打倒。学生同时体验了射击与射箭的发射技巧，虽不能百发百中，但求全力以赴（见图9）。

图9　射击与射箭活动

（十）有惊无险的彩虹滑道

七彩的滑道、七彩的颜色，就像是一条条跃动的彩带，编织成他们那梦寐以求的七彩梦。在梦里，学生就像是跳动在彩带上的音符，有欢声笑语、有惊险刺激、有跌宕起伏。在那滑落下来的瞬间，他们感受着从高处速滑而下重力落差所带来的刺激感，从而锻炼他们的胆量。这里就是他们的世界，他们是这里的主宰，这就是他们七彩的梦！

（十一）浪漫的皮划艇活动

有人说皮划艇是世界上最具文艺气质的户外运动，它不仅能锻炼学生的平衡性与协调性，还能让人在户外休闲时享受酣畅淋漓的快意。临近黄昏，夕阳倒映在绿水青山环绕的湖面上，波光粼粼，小船还在湖面上漂动着，船上的人儿欢快地笑着、划着（见图10）。那欢快的笑声随着波浪飘向远方……

图10　皮划艇活动

四、收获满满——完美收官

研学之旅接近尾声，我们带着祝福和快乐，收拾行装，准备返程。在这个暖暖的冬日，我们将"希望"种植在充满欢乐的耕山小寨里，收获了团结的力量、生活的技巧和欢乐的氛围……

本次活动能够顺利圆满地开展，要对所有人道一声"感谢"！感谢班主任郭老师的引领，会长的精心策划，家长委员们的精心准备和辛勤付出，家长们的积极配合以及学生的热情参与。有你们的参与，让我们看到了团结的集体正在逐渐建成，最好的自己正在逐渐展现。

附：各微团队活动感想

团结少年队（见图11）研学感想：

图11　团结少年队

我最喜欢的活动是划船，首先穿上救生衣，然后拿上船桨，坐上船，就可以下水了。

我划啊划，水一直往我妈妈身上飞啊飞。妈妈对我说道："请你不要再把水弄到我身上了，否则我的衣服都要湿透了。"我回答："哦。"这时王善心的船划了过来，王善心对我说道："我们来比赛谁划得快！"我说："好。"我们俩一起说："预备，开始！"我们用力地划啊划啊，我们俩快要划到终点的时候，我使出最大力气获得了胜利。但是妈妈的衣服也全湿透了，妈妈决定今天晚上请我吃"竹笋炒肉"。

——《研学活动之划船篇》　小铮

我最喜欢拔河比赛。因为拔河可以练力量，最后，我们队获得了第一名。为什么会得到第一名呢？因为我们的一名猛将和两名小将请假了，所以我们找别的团队替补了两名猛将和一名小将，再加上原有的两名猛将和一名小将，一共有四名猛将和两名小将。所以我们力气很大，我们赢了。

拔河比赛的感想："团结就是力量，要用吃奶的劲来拉，不要让自己摔倒。"

——《研学活动之拔河篇》　奕梵

上个星期六我们班去一个遥远的地方秋游。我感到很开心，因为我能跟亲爱的妈妈和同学们一起去旅行。

到了那个有趣的地方，我看到一个巨型恐龙！好逼真啊，居然还会动！我参加了拔河比赛，我们"团结少年队"取得了最好的成绩。让我印象最深的是"真人打地鼠"活动，这个活动不仅能够锻炼我的身体，使之变得越来越灵敏、迅速，还让我知道如何保护自己的头不被对方袭击。我最幸福的时刻就是跟妈妈一起划船，妈妈教会我怎样划水才能前进和拐弯。我和妈妈配合得非常默契！美好的一天很快过去了，真是让人难忘的日子！

——《研学活动之有趣篇》 千惠

上周六我非常开心，因为我们去秋游了，我喜欢的活动有很多！拔河、真人打地鼠、开越野车、射击与射箭、彩虹滑道、皮划艇……其中，拔河比赛的时候，我们团队少了三名队员，别的组援助三名壮汉，我们团队取得了胜利。玩彩虹滑道让我有种飞的感觉。最后皮划艇活动，我用力地摇着船桨，妈妈说后面很晃，有点怕，可我一点儿也不觉得。

——《研学活动之感想篇》 维铭

期盼已久的秋游终于在上周六举行啦！我非常激动和开心，头一天晚上都没有睡着。虽然爸爸和妈妈经常在周末带我去公园玩，跟秋游差不多，但是能跟同学们在一起，我感觉更开心。我们还参加了很多团队游戏，如齐心合力传球比赛、拔河比赛等，我感觉同学们在一起的力量真是太强大了。

让我印象最深刻的是磨豆浆和皮划艇活动。磨豆浆的时候我就在想，原来我们喝的豆浆是这么不容易做出来的，我们一定不要浪费粮食。我想，不管是豆腐、豆浆，还是青菜，应该都是很不容易才获得的。那天体验了磨豆浆以后，我觉得我不应该在吃饭的时候剩饭，一定要珍惜粮食！

最后我跟妈妈一起参加了皮划艇活动。在划船的时候，妈妈竟然告诉我划船跟开车差不多，若想让船往右边的时候，我们就应该往左边划，想让船往左边的时候就应该往右边划，而且前进和后退的方法我都记住了。

还有一件事情令我特别开心，就是妈妈在秋游那天让我吃了很多零食，而且老师让我们带两套衣服，但是我感觉我们快结束了，都没有机会穿我准备好的裙子。结果在我们划船的时候，船上有一些水把我的裤子打湿了，妈妈就同意我换上了我带过去的裙子，真的好开心啊！谢谢老师和爸爸妈妈们为我们组织的这次秋游，我希望以后可以再参加这种可以自己煮饭的秋游！

虽然过了好几天，但是现在回忆起来还是好开心！美好的秋游，我要珍藏照片以后慢慢看！

——《研学活动之印象篇》 小可

创新少年队（见图12）研学感想：

图12 创新少年队

上周末，我们全班组织了一次研学之旅，黄金11月我们坐在大巴车上，看看窗外满山开始变黄的树叶，有的树叶慢慢飘落在地上，一路上都能闻到一股浓浓的清香，处处都是诱人的美景，让我们感受到大自然的美丽。

经过一个多小时的路程，终于到达了目的地，我们盼望已久的愿望终于实现了，处处都能听到同学们的欢声笑语，因为这是我们最欢快的时光，大家都按微团队的形式来进行比赛。

我们团队不管是在课堂上，还是在课外活动中，队员们都很努力，大家互相协助，努力做最好的自己，为我们团队增光添彩，这就是团队的精神、团队的力量，我们要获取更多的荣誉，离不开家人的陪伴和努力。这真是一次很难忘的秋季之旅，很盼望下次旅游的到来，取得更大的收获。

——庆洲

在阳光明媚的周六，我们迎来了期盼已久的研学活动。坐在大巴上，沿路欣赏风景，有青的山、绿的水，处处都是让人心旷神怡的美景。

此次活动中，我最喜欢的是彩虹滑道。我站在滑道顶端，激动雀跃的心还有些害怕。表面上装作无畏，心中却早已波澜壮阔，犹如鼓槌敲击在心里。到我了，我平静地走过去，乖巧地抓住把柄，俯视着两百米开外的景物，感慨大自然的磅礴力量，更让人产生敬畏之心。随着工作人员的一个推送，我乘坐着这艘俯冲的飞船，耳边的风呼呼地吹，我整个人紧绷成一根弦，尖叫着冲了下去。这是一项让我回味无穷的活动。

——小慈

上周六，我们班在郭老师的引领下举行了一个有趣的活动，那天阳光明媚，天气晴朗，我们的车队浩浩荡荡地从学校出发。

经过一个多小时的路程，我们来到了目的地——耕山小寨，开始了我们的研学之旅，我们先在恐龙大草坪合影，接着开始第一个环节——拔河比赛，大家齐心协力，争取团队第一名！第二个环节是真人打地鼠，这是一个关于"小地鼠"和"小农民"的斗智斗勇的游戏，大家都玩得不亦乐乎。第三个环节是拓印画活动，用一张纱布和几片树叶，用锤子敲叶子，结果我敲叶子的时候不小心敲到了手指头，指甲里面黑了一小块，呜呜……后面还有磨豆浆、花海漂流等有趣的活动项目，给同学们带来了阵阵的欢笑。

最令我难忘的项目是彩虹滑道，我想胆小的人肯定会尿裤子。我第一次滑的时候有一点害怕，滑下来简直刺激极了，风吹在我的脸上，头发在空中飘荡，下来的时候我还惊魂未定。在滑落下来的一瞬间，让我感到特别刺激，从而锻炼了我的胆量。临近黄昏，夕阳倒映在绿水青山环绕的湖面上，波光粼粼，我们划着皮艇在湖面上漂浮着，随着大大的波浪划向远方……

时间总是过得很快，不知不觉到了返校的时间，我们坐着大巴车恋恋不舍地离开了。这次的秋游活动将成为我脑海中最开心的记忆！

——佳桐

星期六我们班级组织了东莞耕山小寨一日游，我们一切都准备好了，有序地坐上了大巴。一路上，家长们陪我们玩绕口令、讲方言，在欢声笑语中度过了一个多小时的路程。

一下车每个同学的脸上都有掩盖不住的兴奋。在家长的带领下，我们来到了风景优美的好地方。我们开展了很多让人累并快乐的项目，如拔河、射箭、花海漂流……最难忘的是拔河。当我们还在草坪上蹦蹦跳跳，像一只只快乐的猴子时，老师就叫我们集合，准备拔河比赛了。我们创新少年队和另一队各站一边，双手握紧绳子，"裁判员"口哨一响，我们用力地往自己的方向拉，对方也不甘示弱。家长们激动地为我们加油，场面很激烈。红旗在中线点上停下了，队员们个个咬紧牙关使出全身力气，可最后我们还是输了。不过别灰心，这次失败了，我们吸取经验下次就有机会赢了。

这次与家长一起参加的活动意义非凡，在吃喝玩乐的同时，还锻炼了体能，每一项活动都体现出团队的团结精神。虽然很累但是很开心，真是难忘的一次活动！

——慧萱

上周六是班级秋游的日子，我们大家一起去了耕山小寨。我们参加了拔河、真人打地鼠、小火车、绳索乐园、射箭等活动项目。我们玩得可开心了，那天还是同学炎林的生日，我们吃了最可口的蛋糕。我度过了非常开心的一天。

——善心

旅游的前一天晚上我开心得睡不着。到了那里我们的第一个活动项目是真人打地鼠，就是有同学在管道内当地鼠，后面有另一个队来扮农民拿着锤子打地鼠（"小地鼠"戴着安全帽）。

结束时我们去吃自助餐，非常好吃。我很喜欢这次的秋游，也非常开心。

——文博

星期六我们班级组织了东莞耕山小寨一日游，那里有很多好玩的游乐活动。我最喜欢"真人打地鼠"游戏，我就像小老鼠Jerry一样在隧道里钻来钻去，一不小心就会被地面的同学逮到敲头，真是好玩极了！

——晟羽

快乐少年队（见图13）研学感想：

图13　快乐少年队

　　上周六，我们班去了耕山小寨研学。我很开心，虽然我是第二次来这里玩了，但是由于这次是和同班同学一起，所以玩得更尽兴。

　　大巴车上，我们边聊天边欣赏窗外的美丽风景。一路上大家欢声笑语，不知不觉就到了目的地。

　　我们先来到一片草坪上拍了一张合照。接下来激动人心的拔河比赛开始了。我们的对手是成长少年队，由于我们组缺少了两名队员，虽然我们已经全力以赴了，但是我们还是输得很惨，不过我并没有很难过，因为输赢并不重要，我们之间的友谊才是最重要的。接下来，我们还玩了乒乓球接龙、真人打地鼠、拓印画、磨豆浆、花海漂流、皮划艇等活动项目，一天的时光就这样不知不觉地过去了。一天下来，我已经筋疲力尽，但是我很开心，因为今天同学们没有像在学校的时候一样有吵架和打架的现象出现，这表示我们比之前更团结了。我喜欢这样的活动。

——《风景更美了》梓曦

　　星期六是我们班组织秋游的日子，我们一早就出发去学校集合，我跟小张坐在一起，一打开书包，糖果的香味扑鼻而来，好香啊！

上午有拔河比赛、乒乓球接力活动，拔河比赛我们团队输了，其他团队人多力量大，但是乒乓球接力我们团队赢了好多次，因为我们团队配合得比较好。中午，我们一起庆祝同学炎林的生日，我们每个人都对他说了祝福语，还一起吃了美味蛋糕。

下午的活动也很多，有越野车、小火车和刺激的彩虹滑道，我玩了两三次都感觉还没玩够。快结束时，我们还去湖里划了船。我开始不会划，因掌握不了，后面慢慢地学会了一点。最后我们集合回到了学校，一天过得非常充足、非常开心。

我们会更加团结，争做团结的集体，做最好的自己。

——《做最好的自己》诺熙

研学感受：能够参加这次研学活动是我的荣幸，我最喜欢彩虹滑梯道这个项目，它锻炼了我的胆量，让我感受到了刺激及一往无前的精神。拔河活动更是让我体会到了团结的力量，这次很多活动项目我都非常喜欢，我玩得很尽兴，也学到了很多。

——《一路研学，一路收获》博鑫

星期六是秋游的日子，我们全班一起去了耕山小寨。在那里我们玩了拔河、珠行万里、小火车、绳索乐园、射箭等游乐项目。我们玩得不亦乐乎，还在火车轨道里吃饭，饭后，我们一起为同学炎林过生日，这可真是快乐的时光啊！通过这次活动，我希望我们团队更加团结。加油！

——《特别的生日》歆琳

上周六我们过了一个美好的日子，我们去了东莞耕山小寨。那天万里无云，在拔河比赛、真人打地鼠、彩虹滑道、射箭、射击等活动项目中我感觉大家都很尽力，并且很开心。希望多多组织这类活动。

——《班级活动下次见》浩辰

成长少年队（见图14）研学感想：

图14 成长少年队

上周六，我们班组织了研学活动，我觉得非常好玩！我玩了很多项目，包括拔河、高山流水、真人打地鼠、拓印画、射箭、磨豆浆、花海观景、彩虹滑道、坐小火车、开越野车、皮划艇等。我最喜欢玩彩虹滑道，很刺激、很害怕；最糟糕的活动项目是皮划艇，我把衣服弄湿了；最挑战的活动项目是开越野车，自己一个人开很颠簸，开始很难控制，慢慢地，我就找到方法了。中午我们吃了自助餐，有我爱吃的薯条、鸡排、火腿肠、面条、青菜等，我吃得饱饱的！

——梓萱

星期六终于和同学们一起去玩了，太兴奋了！里面有很多好玩的项目，我最喜欢玩的是彩虹岛的彩虹滑道，当时的心情有点害怕，可是一坐上彩虹岛的那艘船，"嗖"的一下，它就往下冲！我既兴奋又害怕，怕自己摔下去。

希望下次再和同学们一起去旅行，太开心了！

——伊伊

上周六，我们班去了东莞耕山小寨游玩。早上7：50来到学校集合，留念拍照后坐上大巴就开始出发了。一路上风景优美。经过一个多小时的路程来到了目的地。在游玩的项目中我最喜欢拔河比赛了，这不仅需要力量，还需要我们的团结精神。我们队员脚靠着脚、身体压低，大家都使出了吃奶的力气，而对方也不甘示弱地往回拉，在最后的比拼中我们获得了第二名。虽然没能获得冠军，但我从这个项目中明白了——不仅要团结，还要用好方法才能获胜。

——雨泽

上周六我们班组织了一次研学，那是我最开心的一天。

那天早上我很早就起床了，妈妈带着我和弟弟7点多就到学校集合，在学校拍照留念后我们就坐上大巴车出发了。在大巴上很多人都表演了才艺（如唱歌）和自我介绍，一路上我们欢声笑语，很快就到达了目的地！进去之后，第一个项目就是拔河比赛，我们队取得了第二名，大家都很激动、开心，这一刻我感觉到了团队的力量，只要坚持就一定能胜利。今天也是我们班上同学的生日，我们一起为他唱生日歌，一起吃蛋糕。之后，休息了一会儿，下午我们又开始玩了，我们去坐了小火车，还有磨豆浆。磨豆浆是我第一次玩，原来豆浆是那样磨出来的，好惊讶！还玩了真人打地鼠、彩虹滑道。彩虹滑道是我最喜欢的，我滑了两次还不过瘾，真的太好玩了！快要天黑了，我们玩了最后一个活动项目——皮划艇，就结束回家了！

这是我最快乐、最难忘的一天，下次我还要和同学们一起出来玩。

——诗婷

星期六我们班组织了研学活动，大家参加了真人打地鼠、拔河比赛、开越野车、磨豆浆等活动，最让我难忘的是彩虹滑道。当我看到别的小朋友从那么高的地方"嗖"地一下滑下去并且伴随着兴奋的尖叫声，我既害怕又期待，感觉很好玩！小朋友们都自觉地排着队，我也忐忑不安地排在后面，眼看要轮到我了，我求妈妈陪我一起，妈妈说要陪弟弟，让我自己大胆地尝试一下，万事开头难，冲过去就是胜利！还没等我考虑好，工作人员就把我拉上去系好安全绳推出去了，我只感觉自己像火箭一样"嗖"地一下子滑下去了，其实并没有想象的那么可怕，真的太刺激、太好玩了！

这一天我玩得太开心了，希望以后有更多的机会和大家一起出去玩。

——梓源

热血少年队（见图15）研学感想：

图15　热血少年队

这一天，我们三（6）班组织了研学活动，玩了很多项目，我很开心。其中，拔河比赛是我最难忘的项目，要团结一体，齐心协力！拔河比赛真的使出了我们队全部的力量，这个项目也告诉我们：应该建立团结的集体，我们每一个人都要有团队意识！团结就是力量！

——《拔河带来的感悟》　嘉怡

我们班组织研学活动，有很多好玩的项目。这里面我最喜欢拔河比赛，拔河比赛的时候我们开始时输了，可是我们队还是一直坚持着，因为我们知道坚持就是胜利。终于我们在第二次比赛中获胜了！我为此感到骄傲！

我还喜欢坐小火车！它可以按喇叭，这很有趣，坐的时候能吃零食。小火车走的时候还会穿过一个花桥呢！花桥那里有花有草，五彩缤纷，很漂亮！

这真是一次难忘的秋游！

——《难忘的拔河》　心怡

期待了很久的研学活动终于举行了，我们班邀请了家长一起参加活动。我们玩了很多项目，其中令我最难忘的游戏是真人打地鼠，因为"小地鼠"每次都要胆战心惊地把头探出来找蔬菜，一不小心就会被"小农夫"的锤子打到头。有一次我把手伸出去摸蔬菜，突然手被锤了；当"小农夫"也很不容易，因为每次种蔬菜的时候，有的"小地鼠"总是躲在洞里不出来，甚至还有些"小地鼠"故意探出头想吸引"小农夫"的注意力，方便队友拿蔬菜，幸好我们团队够聪明，没有中计。真是太有趣了，这次秋游让我很开心。

——《打地鼠带来的乐趣》 炎林

这次的研学之旅通过拔河比赛和皮划艇活动让我们明白了要团结合作，要有团队精神，要相信队里的每一个人。只要每个人都努力就没有闯不过去的难关！我最喜欢玩的是彩虹滑道，既刺激又好玩。我想多玩几次，可是规定一个人只发一张票，下次我还想再来这里玩。

——《团队的力量》 骏东

我们坐车一个多小时，终于来到了期待已久的耕山小寨。我们先在巨大的恐龙下拍了大合照，接着开始各种玩耍，有彩虹滑道、拔河比赛、射箭、真人打地鼠、开越野车、皮划艇……其中，我最喜欢的是开越野车和拔河比赛，虽然这次拔河比赛我们只获得了第三名，但是我们团队成员都非常努力，使出了浑身的力气。这次研学活动我太开心了，真的太刺激了，我特别喜欢这次研学活动！

——《期待下次研学》 梓晖

上个星期六，我和妈妈一起参加研学活动。项目有很多，让我印象最深刻的是拔河比赛，我们脚顶脚，喊着口号，"一——二——三拉"，我们团队所有队员同一时间用力，赢了一局，太开心了。第二局因为对方团队有文博的加入，我们团队拼尽全力，还是输了，遗憾没能进入决赛。这个比赛让我感受到了我们微团队的团结和力量，我非常喜欢这种活动，希望以后多组织这样的活动。

——《好想再来一次拔河赛》 子谦

国学浸润心灵，打造"好礼"班级

——班级文化建设案例

深圳市宝安区松岗实验学校 陈 慧

一、班级文化的含义

班级文化可以是课桌上一句悄悄提醒，也可以是一份班级公约；可以是一张红红的奖状，也可以是干净整洁的教室，更可以是一个班级的精神和凝聚力。班级文化是一道亮丽的风景线，是一首隽永的诗词，是一个班级的灵魂。班级文化关系到一个班的班风和学风。那么，什么是班级文化呢？

班级文化包括班级物质文化、班级制度文化和班级精神文化。

班级物质文化是班级的显性文化，即班级环境和班级标识，能够折射出一个班级学生的精神面貌和班级建设的成就，同时反映出一位班主任的带班能力和实施素质教育的水平。

班级制度文化和班级精神文化是班级文化的隐性文化，是班级文化的重要内容。其中，班级制度文化主要以小学生日常行为规范和学校的相关制度为依据，是社会道德观念、行为规范、是非标准等在班级日常工作、学习和生活方面的具体体现，是班级全体成员共同认可并自觉遵守的行为准则。班级精神文化是一个班级的灵魂，是班级文化的核心内容，包括班级目标、班级精神、班级凝聚力、团队意识、班级文化活动、人际关系等内容。

二、"好礼"班级的班级文化建设

儒家文化作为我们学校的立校之本，打造儒学特色班级是我们班主任的工作重点。小学阶段以行为养成教育为重点，而中低年段是培养学生良好行为习惯的黄金时期。《论语·季氏篇第十六》曰："不学礼，无以立。"学生如果不学会礼仪礼貌，就难以有立身之处。让学生成为"好礼"之人，关键要约束和规范学生的行为举止，让学生懂得礼让明礼、知书达理、彬彬有礼、讲文明、懂礼貌。

班级文化的建设需要良好的物质文化作为基础，需要民主、平等的制度文化作为学生文明行为的准则，更需要积极健康的精神文化作为学生的思想指引。依据这三个方面，结合学校的实际和学生的学情，我尝试从以下五个方面进行"好礼"班级的班级文化建设。

策略一：国学浸润"礼"

在班级物质文化方面，我立足于学生的兴趣和国学经典文化，以走廊文化建设为平台，让"墙壁说话"，设置"好书推荐""读书明星"专栏，创新"国学之星""孝德之星"板块，创办"梦想从这里放飞""我是大作家"天地，开辟"诵《论语》，学做人"的文化长卷……每一面文化墙都有班级特色，都渗透了经典文化，都在潜移默化中教育学生、培养学生、熏陶学生。然而，中华五千多年文化博大精深，特别是对"礼"的解释有很多。我发现仅仅让学生在国学环境中明"礼"还不够，还要利用中华优秀传统文化加深学生对"礼"的认识。

于是，每天课前五分钟我让学生诵读《弟子规》，通过诵读"冠必正，纽必结"等朗朗上口的名句，时刻规范学生的仪容仪表，提醒学生做一个好礼之人；利用学校每周一节的国学课堂，我组织学生学习《弟子规》《声律启蒙》等国学经典，观看儒家经典故事。这个学期，我们学校国学考级活动也拉开了序幕，我们年级背诵的内容为《声律启蒙》。为了让学生有效参与，我不仅坚持开展每天五分钟的"国学经典故事会"活动，还在教室显眼的位置装饰古诗文的内容，展示经典佳句，营造诵读氛围。为了激励学生，我每月举行一次诵读擂台赛，评选班级"诵读小能手"，激发学生的诵读热情和兴趣，并授予特定奖状。考核合格的学生可获得相对应的等级奖状，荣获"国学小秀才""国学小解元""国学小会员""国学小榜眼""国学小博士"等荣誉称号。

策略二：制度规范"礼"

班级制度文化建设是形成良好班风的必要条件，体现在班级公约、校规班规、班级习俗、文明礼仪等方面，因此班级制度文化的落实过程其实就是一个班级行为文化的建设过程，即养成学生文明行为的过程。

结合学校"星级班级"的评比制度，我们"好礼"班级也制定了属于自己的班级制度，有班级图书管理制度、作业管理制度、行为量化制度等。其中，行为量化制度围绕"文明、卫生、纪律、两操"四个方面，我给学生设置了一个量化表，做到专人登记，一天一小计，一周一大计。

在文明制度方面，我要求学生做到"五个要"，即脸要净发要理，衣要整纽要扣，巾要洁没污渍，牌要正不遗失，鞋要净袜要白。文明委员根据这五个方面对学生的仪容仪表进行考量，做到日日检查，日日提醒，反复强化，让学生做一个讲礼仪的人。

在卫生制度方面，我设置了劳动分工表，设立了讲台长、窗台长、课桌长、扫地员等，分工明确，各司其职，由值日组长、劳动委员共同监督执行，做到"人人有事做，人人要劳动"。每天劳动结束后，劳动委员根据实际情况打分，当天公布得分情况及其扣分理由。

在纪律制度方面，纪律委员主要监督早读和午休的纪律；科任教师则根据学生每节课的表现来考量，加分表示表扬，扣分表示批评；两操主要是由体育委员来进行考量，要求集队时"快、静、齐"，做操时认真不拖沓。

以量化表为载体，我和学生制定了相关的评比细则。学生根据细则每周都会受到相应的奖励或惩罚，从而使学生的行为举止得到了约束和规范，以此督促学生做一个循规蹈矩的"好礼"少年。

策略三：评选激发"礼"

榜样的力量是无穷的。为了巩固和强化学生的行为习惯，我采用"评选激励"的方法。我将班级量化评比结果和学校的"博雅少年"评选活动结合起来，即与人和谐可以评选"仁爱之星"，为人无偏私可以评选"忠义之星"，为人恭敬、谦让可以评选"礼和之星"，为人理智、智慧可以评选"睿智之星"，为人诚信可以评选"诚信之星"，等等，并且在班级"博雅少年"公布栏上展示。同时，获评次数最多的学生可以每学年参加学校"十佳博雅少年"的评选。通过这样的活动，我在班级内树立榜样，引导学生向善习礼。

除了"博雅少年"的评选激励，我还根据学生的好玩天性，设置了抽奖活动，每周得分的前五名和后五名轮流抽奖，以此来获得奖励和受到惩罚，奖励有发喜报、打表扬电话、代表班级国旗下讲话一次、免写作业一次、自主选择座位、带领班级做游戏等；惩罚有通报、打批评电话、取消玩游戏的资格一次、罚扫地一次、停看电视一周等。可以根据学生的表现发喜报或通报，这也成为我和家长沟通的一种有效方式。

精神层面的奖励对后进生的激励持久性较弱，为此，我设置了"积分兑换奖品"游戏，学生每周在文明、卫生、纪律、两操、作业等方面得到的分数，除作为参加"博雅少年"的评选和抽奖的依据以外，也可以累积下来，到学期末用积分兑换奖品。我利用跳蚤市场挣到的班费买了一些奖品，主要有书籍、体育器材、学习用具、糖果、饰品等小奖品。

从班级制度的制定到班级制度的落实，我和学生一起努力，希望学生能在制度的约束和规范下，成为一个"好礼"的人。

策略四：示范熏陶"礼"

"好礼"班级的打造，让学生收获良好习惯的同时，也让我对"礼"有了更深刻的理解。在班里，我特别注重自己的言行举止，并时刻要求自己做一个"好礼"的人。比如，我要求学生讲文明，不粗鲁，那么我自己要做到尽量不发脾气，尽量控制自己的情绪；要求学生按时到校，那么我自己一定不迟到；要求学生讲卫生，不乱扔垃圾，那么我在班里看到垃圾就会弯腰捡起；等等。教师的言行举止对学生的影响还是很大的，现在我们班的学生都不往地上丢垃圾，看到垃圾也会主动捡起来。

此外，父母是孩子的启蒙老师，对孩子的影响更为长远。平时我与家长沟通，我也建议家长尽量做一个"好礼"的人，给孩子做一个好榜样。

策略五：活动展示"礼"

为了让学生更进一步懂得礼让和文明，课外时间我也围绕"礼"和学生开展了一系列活动，主要有主题班会和文艺活动。

对于班会，我尽量渗透一些国学的内容，以良好行为习惯培养、公德心培养、传统文化节等为主。例如，在"学儒学，扬美德"的主题班会中，学生们自己准备、自己主持，通过讲故事、说名言警句等活动理解"文明礼仪"的意义；在中华传统文化节时，我们班开展"欢欢喜喜过春节"班会，学生收集资料上台分享，而抢红包的游戏让学生体会到中华传统文化节的快乐。

学校的国学活动丰富多彩，形式多样，结合学校的活动，我们班的学生能自主自发地在学校活动中展示自我。在中华传统文化节时，我和学生一起设计中华传统文化节黑板报，学生在台上表演，通过讲解传统节日的由来，培养学生的崇敬之情和仁爱之心；在学校国学经典诵读比赛时，学生边读边舞，很开心；为了准备国学特色文化进社区的表演，学生利用课余时间认真排练，最后取得了第二名的好成绩。通过这些活动，每个学生都有机会表现和发挥自己的才能，培养了学生的集体荣誉感和竞争意识。

主题班会及文艺活动的开展，让每个学生在活动中感受中华文化的博大精深，同时在无形中对"礼"有了更深刻的理解，行为举止也更加文明有礼。特别是学生上下台向观众致谢，与人交流等方面的进步，都让我看到了"礼"对学生行为举止的影响。

有人说："孩子的心是一块神奇的土地，播撒思想的种子，就有行动的收获；播撒行动的种子，就有习惯的收获；播撒习惯的种子，就有品德的收获；播撒品德的种子，就有命运的收获。"如今，"好礼"班级的班级文化建设已开展了三年，看着学生在国学文化的熏陶之下日渐变得文质彬彬，我更加坚信，班级文化建设的道路任重而道远，我们还在探索，还在努力！

寻找秋天的秘密

深圳市光明区李松蕊学校　宛建新

一、选题缘起

仔细翻阅我们的语文书、数学书、英语书、品社书、音乐书、美术书……到处都留下了秋天的足迹，这些文字符号一次又一次地呼唤着我们走进秋天、亲近秋天。是的，秋天是一个丰收的季节，秋天是一个五彩缤纷的季节，可是深圳的秋天是那么的短暂，深圳的孩子对秋天的了解少之又少，生活能力没有得到全面的锻炼，因此他们应多参与实践，让生活不再仅有课本，让孩子"在真实世界里自由探究，多多获得带着体温的知识"。所以，我以教材为依托，进行多学科的整合，引领学生在玩中学、学中玩，开展一次意义非凡的"寻找秋天的秘密"活动。

二、实施目标

引导学生在社会生活中学会处理人与自然和人与社会的基本关系，发展学生的科学精神与创新精神，增强信息意识和技术、劳动观念与动手能力，培养学生的社会责任感，提高学生参与社会实践的能力，这是素质教育的重要任务。为此，我们设计了如下目标。

（1）通过活动了解教材取材于生活，通过实地观察，查阅资料等方法了解秋天的知识。

（2）通过参与性学习，培养学生收集、整理、综合资料的能力；通过活动，发展学生的合作交流等能力；通过成果展示，激发学生的自我表现积极性，促进学生之间的交流学习。

（3）激发学生对秋天、对大自然、对生活的热爱之情。

评价工具：贯彻"评价先于活动，并贯穿于活动过程"的主导思想，教师在活动开始前就让学生明确评价工具。表1是学生个人评价量表，依据学生参与活动的表现分为四个等级，进行自我评价、小组评价、家长评价、教师评价。

表1 "寻找秋天的秘密"综合实践活动评价量表

评价人与评价内容	评价情况（给星涂上颜色）		
	爱心星	探究星	创新星
自我评价	☆ ☆ ☆ ☆ ☆	☆ ☆ ☆ ☆ ☆	☆ ☆ ☆ ☆ ☆
小组评价	☆ ☆ ☆ ☆ ☆	☆ ☆ ☆ ☆ ☆	☆ ☆ ☆ ☆ ☆
家长评价	☆ ☆ ☆ ☆ ☆	☆ ☆ ☆ ☆ ☆	☆ ☆ ☆ ☆ ☆
教师评价	☆ ☆ ☆ ☆ ☆	☆ ☆ ☆ ☆ ☆	☆ ☆ ☆ ☆ ☆

评价工具让学生明确了活动各个环节的评价目标，让评价引导活动，使学生获得有意义和有价值的经验。

为了让活动更加充实有趣，根据活动目标，我们将活动计划分成三个阶段：寻秋体验之旅、乐秋体验之旅和思秋体验之旅（见表2）。

表2 活动计划

活动主题	具体活动内容	活动形式	涉及学科	参与者	时间安排
寻秋体验之旅	民俗、农谚、节日节气、成语、诗词、画作、歌谣、天气、身边的秋天	观察、实验、查询、参观等	语文、品社、音乐、美术、科学、英语等	中年级学生	9月、10月
乐秋体验之旅	诗文朗诵、手工作品、实验记录、画作展示、歌咏	作品展示、颁发奖品、水果消消乐、有关秋天的节目表演等	语文、品社、美术、音乐	中年级学生	10月

活动主题	具体活动内容	活动形式	涉及学科	参与者	时间安排
思秋体验之旅	自我反思、珍爱生命、言行雅致	谈访、日记、作文	品社、班会	中年级学生	10月

三、实施过程

活动第一站："寻秋体验之旅"活动方案

1. 活动生成

小学综合实践活动应立足于学生的生活实际，那么学生到底对深圳的秋天知晓多少呢？调查之后，我发现学生对秋天的了解不仅少之又少，还存在着地域偏颇。不过在调查中我得到启发，与他们共同讨论，确定了我们的活动第一站——寻秋体验之旅。

2. 活动主题

寻秋体验之旅（略）。

3. 活动目的

（1）引导学生了解教材取材于生活，从课堂和大自然中感知秋天，鼓励学生通过看、听、说、闻、触等方式，充分感受大自然的奇妙，培养学生热爱大自然的情趣。

（2）采用参观、查询、做实验等形式，在课内外寻找秋天。

（3）各学科有机整合，使教材上的知识在活动实践中得以升华。

4. 活动时间

2016年9月、10月。

5. 体验参考

寻秋体验之旅如图1所示。

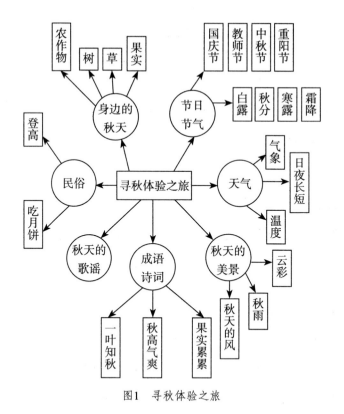

图1 寻秋体验之旅

6. 活动过程

秋风起，河水泛起涟漪，枯黄的落叶，一片一片摇曳……学生在这个季节回到了校园，一切都是那么美好，生命的律动让人惊奇不已。秋天在哪里呢？正好语文第三单元是关于秋天的课文，我说："同学们，我们一起去寻找秋天，好吗？"学生一下子都来了兴致，饶有兴趣地在校园里找起秋天来。"老师，你看这里的叶子黄了！""老师，你看这儿有只蜗牛呢！"……在学生的热烈讨论与好奇的提问声中，学生对秋天的兴趣油然而生。

设计意图：兴趣是最好的老师。玩是孩子的天性，由此入手，学生的积极性充分地被调动起来。

仅仅在校园里找秋天吗？我们几位任课教师交流后决定采用多种形式开展这项活动，让活动变有更加丰富、有趣。

（1）通过讨论，学生根据自己的兴趣爱好自由分组，如手工组、文学组、科学组、数学组等。各组分工不同，每个学生扮演着不同的角色，选出组长、记录人……

（2）教师指导学生通过观察、上网、讨论、询问、查找书籍等方式收集资料。

孩子走出教室、走进校园，观赏秋天、感受秋天，把课堂学习延伸到课外，充分激发学生对秋天探索的兴趣。

学生在观赏和感受秋天的时候，要把心中的秋天描绘成作品，各种绘本、手抄报、书签新鲜出炉，充满了妙趣横生的语言：秋天的树叶是那样五彩缤纷，黄的像金，绿的如玉，红的似火，把秋姑娘打扮得格外妖娆。

设计意图：教师常会犯越俎代庖的错误，所以我们所做的第一步便是把主动权交给学生，引导学生自主探究，善于发现，并在活动中促进学生之间的交流与合作，体验人与自然之间的情感交流，体验同学之间的友谊。

我们的脚步并没有停止，学生发现秋天的秘密还有许多需要探究，各科教师基于学科整合在课内外帮助学生更深入地探索，让学生更系统、更全面地了解秋天。各科教师通过相关活动体验，指导学生寻找关于秋天的各种材料。

语文课：查找和抄写描述赞美秋天的美文美诗。

数学课：记录秋季气温变化。

美术课：让学生用五彩的画笔描绘出五彩缤纷的秋天。

科学课：利用节气变化图来解释秋天。

设计意图：通过这种方式潜移默化地进行学科整合，逐步帮助学生将零散的经验进行梳理、整合、内化，从而引导学生对秋天有了较全面化、系统化的认识。

学生的活动纪实：

在此过程中，学生硕果累累，活动之余，学生或记录，或写日记："秋天在哪里？哦，秋天已经悄悄来到我们的身边。""踏进公园，我们就闻到了秋天的气息。""走进秋天，就像走进了秋天的图画里。""秋天来了，秋天来了，我们听到了她，触到了她，看到了她。""秋天在这里，在我们的身边，在我们的眼睛里。"

如果没有真实的体验，学生的文笔怎能如此细腻、如此感人，让人身临其境。

设计意图：读万卷书，不如行万里路。学生走在寻找秋天的路上，一路收获满满。

活动第二站："乐秋体验之旅"活动方案

1. 活动生成

秋天最重要的特点是收获，而此时，在学生寻找和欣赏了秋天后，心中的感受呼之欲出，在教师的指导下，让学生将找到的和制作的一起分享，这便是他们秋天的收获，收获便是快乐的。

2. 活动主题

乐秋体验之旅（略）。

3. 活动目的

培养学生细致的观察力及完整的口语表达能力，使学生学会记录数据，提高学生的动手能力，让学生享受成功的喜悦。

4. 活动时间

2016年10月第8周班会。

5. 体验参考

乐秋体验之旅如图2所示。

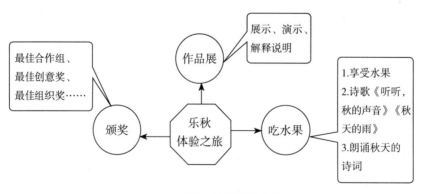

图2　乐秋体验之旅

6. 活动过程

让我们过一个收获节吧！

（1）作品展示乐。

在寻秋中，学生都有自己的得意之作，或是优秀的秋诗朗诵，或是精美的美篇，或是自制绘本。学生拿来展示介绍，参照评价表评选出优秀作品。

（2）奖品发发乐。

成功是所有人都渴求的，学生最大的幸福应该是捧回教师发的奖状和奖品。在美妙的音乐伴奏下，我们评选出"小诗人""小画家""小歌手""勇气奖""智慧奖""最佳组织奖""飞跃进步奖"……看，那一张张笑成花一样的脸，告诉我们，他们是快乐的。

（3）水果消消乐。

秋天的瓜果是那么琳琅满目，惹人垂涎，关于秋天的活动，肯定离不开一个快乐的瓜果品尝会。

设计意图：教学生学会正确欣赏和认识，并享受自己成功的喜悦。

（4）收获节后我们还进行了以下活动。

①利用微信制作美篇让家长或同学点赞。

②布置我们的教室和学校。

③把学生的活动资料归档。

活动第三站："思秋体验之旅"活动方案

1. 活动生成

好的结尾，能取得"课虽尽而趣无穷、思未尽"的效果。对于这一次活动的结束，我将引导学生对此次活动进行思考与总结。到此为止，似乎这次活动已经完美地结束了，但我认为结束才是真正的开始，评价和欣赏的功能，其实就是为了引导学生反思。

2. 活动主题

思秋体验之旅（略）。

3. 活动目的

（1）通过反思，学生主动审视自己的利弊得失，总结此次活动的收获，从而达到自我反思、自我改进的目的。

（2）培养学生热爱生活、珍爱生命的积极乐观的人生态度。

4. 活动时间

2021年10月。

5. 活动参考

思秋体验之旅如图3所示。

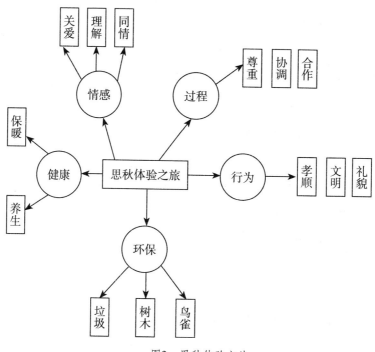

图3　思秋体验之旅

6. 活动过程

在这个环节中，我们各科教师通过调动学生的认识和情感因素，引导学生主动审视自己的利弊得失，总结此次活动的收获，从而达到自我反思、自我改进的目的。

生1："夕阳无限好，只是近黄昏。我们不要等秋天过去了再去伤感，我们要抓住秋天中的每一个日子，去努力，去奋斗，然后去收获吧！"

生2："疼爱我的奶奶在这个秋天去世了，我再也看不到她了。我要关爱身边的每一个人，珍惜我们在一起的时间，就像欣赏秋天的美景一样，不要等到秋去冬来了才后悔。"

教书的目的是育人，育人的目的是教学生学会生活，而此时，学生表现出的热爱生活、珍爱生命的积极乐观的人生态度，就是我们这次综合实践活动的最大收获。

四、活动反思

不足三个月的时间，因为有了"寻找秋天的秘密"综合实践活动，学生的学习生活变得丰富多彩，观赏、游玩、展示、收获，五花八门，精彩纷呈，师生的状态都非常好。说实话，有些活动是第一次组织，难免出现部分学生不善记录、不善观察的情况，但有了问题就解决，我们相信，下次的实践活动，我们会带给孩子更多收获。为师者，至此足矣！

心理剧《心墙》（原创）

深圳市光明区公明中学　黄欣怡

一、剧情介绍

小伊是名成绩优异的学生，在平时的学习生活中对自己也有着高要求。可是从最近一段时间开始，她在学习上漫不经心，十分懒散。这引起了班主任黄老师的注意，跟科任教师和小伊本人谈过后，黄老师找到了小伊的母亲，希望小伊母亲找到小伊最近的问题所在，并妥善解决。回到家中，小伊母亲和小伊大吵了一架，不欢而散。经过好友的劝导，母女二人认真地长谈了一番，消除了误会，并使两人关系更上一层楼。小伊决心通过自己的努力去回报和感恩母亲。

二、角色介绍

小伊：一名品学兼优，却因为家庭矛盾而开始日渐懒散的学生，经过母女两人的长谈解开她的心结，恢复了以前学习上的干劲，决心用自己的努力来感谢母亲的付出。

母亲：望女成凤，却在语言和态度上对孩子太过激烈，但自己也有一些困扰，在经过母女两人的长谈后，母亲和小伊的关系更上一层楼。

黄老师：一位对学生认真负责的班主任。

谷老师：小伊在学校的科任教师。

学生甲、乙、丙、丁、戊：小伊的同学。

父亲：小伊的父亲。

心理方老师：学校心理老师，帮助小伊母亲改变的老师。

三、剧组成员

编剧：陈炜昕，杨齐北。

表演班级：初二（14）班。

指导老师：黄欣怡。

旁白：黄欣怡老师。

四、剧情

在这个时代的我们，竞争越来越大，学业越来越繁忙，与家人的交流更是少之又少，再加上家庭的矛盾，更使一部分学生在心里逐渐建立起自我防备的心墙。

第一幕

谷老师：图形旋转时，对应边不变，对应角不变……

同学们：知道了！

（下课铃）

谷老师：今天先讲到这，我布置一下作业！

（谷老师写下作业）

谷老师说：好了，就这些。

同生们：啊！

学生戊：这么多作业！

谷老师：这作业很多吗？时间太紧张了，还不都是为了让你们记得更牢固一些。

学生戊：好好好，我不说话，我不说话。

（谷老师走出教室）

学生乙：数学作业这么多，又不是国庆七天。

小伊：就这么一点，一会儿就搞定了。

学生乙：我跟你说话了啊？你这次语文分数比我还低，有什么资格在这儿说话！

学生甲、丙、戊：就是！

学生丙：你写得快了不起啊？

学生乙：某些人啊，别以为期末拿个语文前三就了不起了，况且那还只是一科，得意扬扬了吧，自以为是了吧，这次语文考得比我差了吧？

小伊：（抬头）我没有。

学生乙：我说你了啊？自作多情。

学生丙：对呀，又没跟你说话。

学生丁：都是同学，你们干什么呢？哎呀，小伊你别理他们，他们只是看你一次失利，想打击你。

学生乙：你说谁呢？

学生丁：谁回了就是谁。

学生丙：你有本事再说一遍？

学生丁：怎么就准许你们这样欺负同学，还不准我帮她说几句话了？

小伊：（拉着学生丁）好了好了，别说了，没事的。

（上课铃）

学生乙、丙、丁对视一眼，同说一句：切。（甩过头）

第二幕

谷老师：（回到办公室，来到黄老师桌前）唉，黄老师啊，你们班那个小伊啊，最近怎么了？看起来恹恹的，这样下去可不行。

黄老师：是啊，最近语文课上她也是这样子，看来，我要去找她聊聊了。

第三幕

下课后，黄老师把小伊叫到走廊上，黄老师语重心长地跟小伊谈论。

黄老师：小伊，你最近怎么了？老师觉得你不在状态，我还记得你可是说要以最好的成绩考入四大名校的，可是你这样下去，老师担心你连高中也考不上呀！

小伊：我……

黄老师：语文可一向是你的强项，上学期期末更是排到了年级第三名，怎么这次周测才70多分呢？

小伊：一次考试而已，况且期末那次是个意外，我一向都是这种水平。

黄老师：孩子，你别这样，你要对自己有信心，你是什么水平老师心里清楚，这绝不是你的正常水平！老师看你这段时间总是无精打采的，跟老师说说，是家里出什么变故了吗？

小伊：我家……蛮好的。

（上课铃）

黄老师：（欲言又止）好吧，你先回去，别耽误了上课，我们下回再聊吧。

小伊转身离开，黄老师则找到心理方老师。

黄老师：方老师，我向你咨询个事啊。

方老师：（抬头，连忙起身）诶，黄老师啊，你说你说。

黄老师：就是我们班的小伊啊，最近也不知道怎么了，总是心不在焉的，问她吧，她什么也不说，你说我该怎么办呢？

方老师：我觉得吧，孩子情绪状态出现问题，可能跟家庭环境有关，我建议你啊，不如去找那孩子的父母聊聊。

黄老师：嗯，或许我真的该找小伊妈妈聊聊。

第四幕

父亲和母亲坐在椅子上，父亲正跷着二郎腿看报纸，小伊在玩手机。

母亲：（手中择菜，时不时看看小伊，看到第三眼时，把菜"啪"的一声摔在桌子上，指着小伊）一天天就知道玩手机，作业写完了吗？练习册做完了吗？我告诉你，再玩下去迟早考不上高中。

小伊：那还真是不好意思，我作业写完了，练习册也做了，该背的也背了，休息一下怎么了？

母亲：练习册就不能多做一点吗？该背的背了，那就去复习啊，以为自己考得很好了是吧？别老是自以为是，把你手机交出来然后回房间复习！听见没，快点。手机给我放下。

父亲：（在母亲说小伊时，做出很不耐烦的动作）总是唠唠叨叨的，有什么用呢？你还不如让她自己去做自己想做的事，况且累了就该休息。

母亲：你懂什么？平时你又不管孩子的学习，什么都是我在管。我为了这个家累死累活的，你们就没有一个让我省心的。

父亲：别老是扯这些行不行？你烦不烦？

母亲：（不可置信地指了指自己）我烦，你现在嫌弃我烦？

父亲：你别闹了。

小伊：够了，吵什么吵，天天吵架，我还怎么学习？

父亲看了母亲一眼，转身生气地出门了。

小伊也转身回到房间。

母亲坐在凳子上像是被气狠了的样子，拍了拍胸口顺气。

（电话铃）

母亲：（接电话）喂，黄老师您好。（沉默了一会儿）嗯，好，我明天一定准时到。

第五幕

黄老师：小伊妈妈，我这次叫您来一趟，是想跟您说一下小伊最近的学习状况。

母亲：好，老师您说。

黄老师：小伊这孩子啊，最近老是无精打采的，成绩下滑得也比较厉害，也不知道她最近怎么了。小伊这孩子很有潜力，她这样下去我们真的很担心，所以希望您能多跟她沟通，了解她内心的想法。如果还是没有好转，您可以去咨询一下心理老师。

母亲：（沉默了一会儿）好，谢谢老师，我回去问问她怎么回事。谢谢老师的建议和关心，那我先走了。

黄老师：那我就不送了，再见。

母亲：好，再见。

第六幕

小伊推门回到家，母亲正在打扫卫生。

看见小伊，母亲丢开扫把，指着小伊。

母亲：小伊，你给我过来，（小伊慢吞吞地过来）你们黄老师今天找我去了趟学校，说你最近状态很差，成绩还下滑了。你天天在想什么鬼东西，你说啊！

小伊：（哭腔）我想什么，你管得着吗？你除了关心我的成绩，你到底关心过我什么？你心里只有学习才是重要的，难道成绩就可以判断一个人的好坏吗？

母亲：我是你妈，你就这么跟我说话的？

小伊：是，你是我妈。可是你有真正关心过我吗？没有，从来没有。

母亲上前拉住小伊的手，小伊不耐烦地甩开（动作要大）。

小伊：妈妈，麻烦你行行好，让我一个人静一静好不好？

小伊说完，走出家门。

母亲看着小伊的背影深深地叹了一口气。

第七幕

母亲来到学校找到了心理老师。

（敲门声）

方老师：请进。

母亲：那个老师您好，我有些事想向您咨询一下。

方老师：请问您是？

母亲：我是小伊的妈妈，之前给您打过电话的。

方老师：哦哦，小伊的妈妈啊，请坐，我有什么可以帮您的吗？

母亲：老师，我真的实在没办法了（低头、扶额、欲哭），我试着跟她沟通，可是她不听啊，她现在不愿意听我的话，也不主动跟我说话，我们俩的交流好像只剩下争吵了。她说我不关心她，可是她的作业和她的成绩，我都有一一过问啊，就连老师也说我是个称职的家长，可她，唉。（绝望、无奈、不知所措）

方老师：您的心情我非常理解，作为妈妈确实是操碎了心，希望孩子更加优秀是每个家长的愿望。不过，关心孩子还是要注意方法，不能操之过急。其实小伊和她的班主任都来找过我，而且我也有通过她的班主任和科任教师去了解过她。从我跟她的对话中，我知道，她是一个学习努力、善良乐观的孩子，但这个阶段像小伊这样的孩子正处于心理性断乳期。他们会形成一种成人感、独立感，会出现许多事情不跟家里人商量和沟通的情况，我们称为闭锁期。当然生理的发育也会影响心理，会因为一些小事跟父母顶撞争吵，这是情绪的不稳定性，这些都是极其正常的现象。这个时候我们家长就需要去理解孩子、尊重孩子，平等地与孩子交流。孩子也是独立的人，她同样有多样的心理需要，如认同感、自尊心等，一味地指责或是只关心成绩会加强孩子的逆反心理，而且家长不能一味地对孩子说教，这个时候孩子最需要的是家长的呵护和关心。

母亲：好的，谢谢老师，我回家一定会好好跟她聊一聊。

方老师：嗯，希望这次咨询能对您有一些帮助，如果还有什么问题可以再联系我。

第八幕

小伊坐在沙发上，母亲推门回来，看见小伊，便坐在她身旁。

母亲：我们好好聊聊，好吗？

小伊：嗯。

母亲：（沉默了一会儿）我知道，这几年我因为和你爸的事还有公司的事而疏忽了你，其实妈妈也很累，有空的时候也只想到了你的成绩，很少注意到你的进步和成长。你心里怨我，也是合理的，妈妈确实做得不好，妈妈很想要改正，很想我们再回到你小时候那样好的关系。现在，你能跟妈妈说说你心里的感受吗？

小伊：妈妈，我不是机器人，我也会累的。我早起晚睡，日夜学习，要承受学习的压力，还要忍受你和爸爸的争吵，我真的觉得很心烦，我渴望得到你更多的关心，而你的眼里却只有成绩。你知道我喜欢哪个明星吗？你知道我今天最开心的事情是什么吗？你知道我最要好的朋友是谁吗？你仔细想想，这几年，你除了问我学习，骂我不够用功之外，我们之间的话题是少之又少。我知道你忙，但我只是想让你多关心我的日常生活，就只是这样而已啊。

母亲：原来一直是妈妈做得不够好，妈妈向你道歉。我知道小伊学习很辛苦，你有时候写作业写到12点，妈妈也心疼啊，但妈妈太着急了，希望你成为最优秀的孩子，但忽略了你内心的感受。收拾屋子的时候我看到你书桌上贴了很多便利贴，妈妈能感觉到你在努力，妈妈也知道你一直在为自己的目标奋斗着，妈妈其实是感到欣慰和骄傲的！只是妈妈表达的方式错了，以后妈妈会更关心你的生活、你的心情、你的想法。希望小伊也能明白妈妈的良苦用心，小伊愿意原谅妈妈吗？

小伊：妈，对不起，我……不该跟你吵架。

母亲：傻孩子，那我们约定，以后可以多分享一些自己生活上的事，多了解对方，而且以后我们可以稍微劳逸结合一下。比如，偶尔出去旅旅游、逛逛街等，放松放松。

小伊：哇，妈妈像是变了一个人啊！

母亲：你能健康快乐，比什么都好！以后有什么事一定要跟妈妈说，妈妈永远是你的倾诉者。

小伊：嗯！妈妈，我一定会好好努力，等我长大了，就换我来孝顺你们。

母亲：好，我的小伊长大了，知道感恩妈妈了。妈妈以后跟你一起努力、一起奋斗。

第九幕

谷老师：好，同学们，我们来看这道题，先想一想。

谷老师站在讲台上讲课，小伊时不时抬头看看黑板，认真做笔记。

小伊：（心里想着）妈妈，在我看来，对你最好的感恩，就是我好好学习，通过自己的努力让你过上更好的生活。

小伊的心墙在与妈妈的认真交谈中逐渐倒塌，她懂得了父母的良苦用心，缓解了繁重的家庭压力，她将放心前行。

全剧终。

全体演员上台致谢。

班会设计

班级规划

班级活动

管理妙招

教育故事

让教育 "多一点"

深圳市龙岗区科技城外国语学校　林　燕

教育，不是一朝一夕的成果，它是润物无声的熏陶，是情感共振的互动，是心灵彼此的交融。每一个学生都有自己的独特个性和成长步调，一个班级50多个学生，他们在成长的道路上大抵不能同步，也不需要过于追求同步。他们的成长是丰富有趣的，能够给予教师和家长不同的启发。因此，在教育过程中，我们不能把学生放在同一个模子里培养，我们可以引导他们在自己的成长道路上，走得更自信、更轻松。

对于一个班集体来说，制定班级公约能够让班级正常运转，并帮助学生养成良好的生活习惯。然而班级公约没有办法适应每一个学生，因此在教育中我们对走得比较慢的学生可以多一点观察，多一点耐心，多一点思考，善于发现学生的特点，用智慧让教育更加灵动。

班上有一个学生叫小彬，他爱阅读，但是上课不好好听讲，有一点多动症倾向，对于自己不感兴趣的内容完全不想听；他是一个善良天真的孩子，但是有很多言行上的坏习惯，如早读、早操时爱钻空子跑厕所，上课耷拉在椅子上，经常被科任教师投诉：上课不认真，私下说脏话，传播过于成熟的内容，有时还把纸团扔到其他同学的座位上……

在接触到这个学生之前，我真的没想到一个学生有那么多的习惯需要纠正，而且每次发生的事情还不一样，他还被一些同学拉入了"朋友黑名单"。眼看着他在同学中的"名声"越来越大，成绩逐渐下滑，我觉得要给予这个孩子更多的关注了。

一、多一点鼓励促进

我从小彬的妈妈那里得知，小彬有一点多动症倾向，他坐不住。同时，他对自己感兴趣的东西很积极，但如果他不感兴趣，整个人就没有活力。因此，我在课堂上给予他多一点弹性空间，不要求他坐姿、听讲、发言和做笔记等做得很好，而是循序渐进地让他养成自律的习惯。我告诉科任教师这个情况，让他们适当忽视小彬的某些不自觉的行为，同时多给他展现自我的机会，一旦他感受到课堂的乐趣，就会表现得很积极。

过了一段时间，小彬在课堂上的表现比较自律了，可是对待测试不认真了，可能他以为教师会对他比较宽容一点，难一点的题目就不愿意去做。有两次作文都只写了一小段，成绩下滑较大。我知道这个学生阅读面广，写作文对他来说并不难，只是畏难情绪一上来，就放任自己了。我私下找了小彬，给他看试卷上的作文，询问做不完的原因。小彬说："我不会写。"我说："你不是不会，你只是不想好好去思考。"他好像觉得自己被看穿了，沉默不语。我又说："那这样，我们再读读题目，一起来分析好吗？"我们一起分析作文题目之后，小彬点点头说："那我知道怎么写了。"我看他态度比较积极，就趁热打铁地说："小彬，你阅读面广，班级里你的发言是非常有见识的，我相信你理解题目没问题，更能写出好文章，下次你能别给我一张空白卷让我猜你的大作吗？"小彬不好意思地说："我下次好好看题。"我又说："那还不够，这样，我们约定，下次测试如果你作文写完了，我给你颁发进步奖，如果没写完，我们还要继续回来重新写，那时候我们就要写八百字的大作了哦。"他一听连忙摆手说："不了不了，我会写完的。"又一次测试结束，他蹦蹦跳跳地找我："林老师，我这次作文写了五百多字哦！"我笑着说："哇，你真厉害，一下子就进步这么大了！"

后来，小彬的作文基本都能写完，因为他知道，我们的约定是有效的，他也从写作文中获得了成就感。其实给学生的鼓励和约定要在学生的能力范围之内，让他踮一踮脚就能够着，这样的鼓励才能变成动力。同时，我知道小彬需要督促,他不喜欢课后花时间重新写,于是乎,下一个军令状给予他一定的压力,让他知道自己要克服懒散和畏难心理去冲关。

二、多一点时间陪伴

有一天,值日生跑过来说:"老师,小彬又没有值日就回家了。"小彬说和小俊换了值日,后面向相关同学了解我才知道,小彬不爱值日,有时会送同学礼物让同学帮忙值日。我心想:这个小懒虫,得好好治治。第二天,我询问小彬有没有让同学代替他值日,他承认了,并反思说周五一定会值日。我又叮嘱了他几次,想着他应该能记牢了。周五如期而至,可是小彬却食言了,原来他一到周五放学就脚底抹油,和朋友们开心地玩耍去了。

晚上6点,我去看教室,发现有一组卫生没有完成,我看了一下负责这个区域的值日生,就是小彬。我开始很生气,但我知道,批评不是重点,重点是怎么让小彬知道要担负责任,做一个有责任感的人。我打电话给小彬,说:"小彬,还记得周五的值日是谁负责的吗?我惊呆了,这一组卫生很糟糕。你觉得应该怎么办?"小彬支支吾吾,后来才说自己忘了。我见他还是在逃避,我说:"小彬,明天同学们进来了,却只能坐在垃圾堆里,我们班的文明分又要被扣掉1分了。如果你不想回来,那么我可以代替你值日,但是这是我的职责吗?"小彬听说我要代替他值日,有点不好意思道:"老师,我现在过去可以吗?"我笑着说:"可以,过来吧,我等着你。"

当小彬来到教室之后,我满脸微笑地和他调侃:"哟,速度还挺快,我就说小彬是一个有责任感的人。要是说话不算话,以后谁敢跟他做朋友啊。"小彬听到我赞美他又调侃他,扑哧一笑,拿起扫把认真地扫起来。因为6点了,我担心他一个人不安全,就一边看着他扫,一边和他聊聊天,谈谈在家做什么家务,最近有什么喜欢的运动,等等,不知不觉就7点了。我想让他知道,做错事并不可怕,担负责任可以赢得尊重,也可以很开心地为班级服务。

后来,小彬对于值日就没有那么抗拒了,反而比之前更加认真负责了。学期的散学典礼上,我请学生讲讲想对我说的话,小彬上台了,他说:"我觉得林老师是一个很体贴的人。"我问："哪里体贴？"小彬的一番话让我很惊讶："有一次我没有值日，林老师发现班级卫生不过关就让我回来值日，林老师一直陪着我，从6点陪到7点才回家。"我没有想到，看似大大咧咧、调皮捣蛋的小彬，居然记得我陪了他一个小时。后来我细细回味，确实，当学生一直做不好一件事的时候，不要一味地批评他，要求他去做，不如花一点时间陪着他去做，哪怕他做得慢一点也没有关系。教师趁这个机会可以和学生交流情感，让学生在整个过程中感到轻松，在做完事情之后获得成就感，这不也是一种令人容易接受的教育方式吗？

三、多一点情感交融

作为班主任，每天到班级的第一件事，就是看看学生是不是都到班级了，有没有交作业，是不是在大声朗读或者阅读。因为每天跟进，大部分学生都能养成进班后开始学习的习惯，不过总有几个小家伙跟不上节奏。有一次，小彬在早读的时候拿着水晶泥玩耍，我叫了一下他的名字，他抬了一下头又置若罔闻地继续玩了。考虑到小彬有几次早读不专心被提醒过了，我走过去把水晶泥拿走，告诉他："表现好了就还给你。"然后我把水晶泥放在了讲台上。

过了一会儿，班长发现小彬不见了，我让班长去洗手间找他，但是班长说找了几个洗手间都找不到。这时我有点着急了，我看着讲台上的水晶泥，可怕的念头一闪而过。不过我知道，小彬虽然有点任性，却不是过于偏激的孩子。我一边打电话给家长，麻烦家长用电话手表联系孩子；一边让班上几个学生分楼层去寻找他，我在走廊看情况。几分钟过去了，还是没有消息，我不禁心里打鼓：这孩子究竟躲到哪里去了？

滴答滴答，流逝的每一分每一秒都是煎熬。终于，小彬妈妈打电话给我说联系上孩子了，这时班长也找到了他。他耷拉着头走过来，我那一刻知道他委屈。但是，他只想到自己的委屈，没有想到所有人都在为他紧张。我要怎么处理才能让他感受到我们的焦急？

我不动声色地看着他走过来，等他停住了，我直直地注视着他，他以为我要批评他。我说了一句："孩子，你是不是觉得我没收了你的东西觉得委屈？"只见小彬眼泛泪光，说："我怕你不还我东西了。"这时我大声地问他："那你知不知道，我们更委屈？你知不知道我们都特别担心你，在我们心里，你才是最重要的……"说着说着，我也动情了，眼泪啪嗒啪嗒地往下掉。小彬愣住了，他估计没想到，原以为的批评变成了一次情感的流露，他的眼泪也控制不住了。我拍了拍他的肩膀，几个同学也围着他说："你回来就好。"

后来，我趁下课的时候安抚了他，并和他进行了一次沟通，慢慢地，他的情绪稳定了，他自己也反思不应该在早读时玩水晶泥，更不应该躲起来，不顾自己的安全，让所有人担心。

在班会课上，我和学生谈了一个学生因为批评而躲起来，最后发生意外的案例，让学生谈论这样的行为是否值得。学生畅所欲言，但小彬没有说一个字，我知道，他是一个善良、情感内敛的人，他只是需要去理解他人的爱。

原以为这次事件只是给了小彬一个教训而已，之后他再也没有因为闹情绪而自己躲起来。后来在一次作文批改中，我看到了标题为《我最喜欢的林老师》的一篇文章，里面写道："那一天，林老师哭了，我才知道她有多么关心我，同学们也一直在找我。以后我再也不会因为闹情绪躲起来，这样对自己的安全很不负责任，还让关心我的人担心。"直到这一刻，我才发现，对于这个情感内敛或者说情感比较迟钝的孩子来说，语重心长的教诲不能让他真正理解和接受，情感的直接表露才是打开他心门的钥匙。

其实，每个学生都是独特的，虽然小彬有各种各样的问题，但是我们要看到他聪明、善良的一面，用优势去转化劣势。教师在教育中要运用智慧，利用每一个学生的特点寻找适合促进他们进步的方法，让教育"多一点"，即多一点鼓励、多一点陪伴、多一点共情，这样的教育不仅多了一点个性化，更多了一点温情和灵动的光芒。

致班主任：中途接班，我们需要做些什么

深圳市南山区前海港湾学校　郭　凤

在我们的教师职业生涯中，也许你会遇到中途接班的情况。关于中途接班，对于第一次遇到的老师来说，可能会焦虑不安，因为又要重新面对一群新学生和家长。但是我们每个人也许都要遇到，无法回避。

我工作9年，就遇到三次中途接班。一次是二年级，一次是四年级，一次是五年级。暑假后开学，又要中途接一个三年级。说实话，面对第一次中途接班，我跟大多数老师一样，担忧、焦虑、害怕，但静想过后，更多的是利用假期开始思考、规划和准备。如果一味地沉浸在不愿意面对事实的情绪中，开学初我们接到新班时可能是一地鸡毛。

利用假期，我梳理了一下自己几次中途接班的一些所思、所想、所做，不敢说是经验，愿意与大家分享。这里主要说说开学前及开学初我的一些做法。

一、调整心态，面对现实

突然面对要接一个新班，也许我们刚开始的感性认识会大过理性认识。我相信感性的人占大多数，我自己也是这类人。这时，我们需要花一个星期左右的时间向人诉说你的郁闷，让倾听的人给你建议，这样能帮助你快速调整心态，面对现实。具体跟哪些人说呢？我觉得可以跟如下几类人说一说。

（一）跟朋友（闺密）诉说

你的朋友往往都是站在你这一边的，当你跟他说这个事的时候，他多半

是抱着同情的心理和安慰的语气，这样能够有效缓解你烦闷的心情，让你感觉，心情不好时，至少还有朋友跟你在一起。

跟朋友诉说的目的是求安慰。

（二）跟家人诉说

把你即将接任新班的事情也跟家人说说，让他们知道接下来你的工作任务会比较重，压力较大，可能花在工作上的时间较多，相应地，照顾家庭、带娃的时间就会比较少了。希望他们能够理解你并支持你的工作，解决你的后顾之忧！

跟家人诉说的目的是望理解。

（三）跟有经验的老师诉说

找你认识的有经验的老师或同事聊聊这件事，他们对于这样的情况比较有经验，往往比较理性，他们会给说你一些关于中途接班需要注意的事项以及他们的经验。

跟有经验的老师诉说的目的是取取经。

二、了解班情，心中有数

对班级的了解，我们不能直接从前班主任那里获取，我建议从三方资源展开了解。

（一）找老师了解：前班主任和科任教师

了解班级整体情况，特别需要注意的学生、班级各科学习情况、有没有偏科等现象，做到心中有数，见面时特别关照老师们口中的那些学生，切记：勤表扬，发现学生的闪光点，让他爱上你，跟你做朋友。这里我想到了于永正老师在《教海漫记》里用的几招：纸条沟通法、信件沟通法、家访法，相信给予学生更多的关注，他们一定会以爱的方式回报你。

（二）找家长了解：召开家委会

刚接新班，一般学校会安排交接仪式，而且大多数学校及班级会有家委会。这时，我们需要召开家委会，让班级家长委员先了解咱们班级要换老师了，让他们去跟家长传达这一信息。

那在这次家委会上要准备些什么呢?

（1）要礼貌谦逊地介绍自己。例如，本次我在接手新班时就认真准备了一封长达两千多字的信。简单介绍自己后，我把我写的信打印出来交到了家委手中，让他们读信。信是以一个故事《少年派的奇幻漂流》为原型来跟家长说我们现在是一条船上的人，接下来我们要携手作战才能一起战胜困境，获得重生。通过故事委婉地说出我的希望!

（2）请家长分别简短地介绍自己，了解班级家委的分工是否合理。

（3）倾听家委对于班级工作的认可和需要改进的地方。这时，老师如果有特别的要求而家委们没有做到的，我觉得可以委婉地提醒家委。例如，我在倾听家委讲的常规工作时，没有讲到我要推行的"微团队"，我会委婉地表达接下来我们班级打算用微团队形式推动班级学习和活动。需要家委做好微团队成员分工，一开始实施过程中，需要家委积极带头，把班级氛围弄起来。

在学习上，家委们可以鼓励自己的孩子先在微团队群里学习打卡带动其他同学。在周末"行走深圳"班级活动中，家委们积极组织、策划，带动其他家长，让他们认识到班级微团队活动可以增进学生与家长之间的感情，凝聚班级力量。学生可以轻轻松松地换种方式在做中学，为写作积累素材等。

家委会上解决了这些问题，你在工作时，就多了一些志同道合、了解你、理解你的人与你同行，减少阻力。

（三）找学生了解：与不同层次的学生聊天

从学生的角度看班级、评价同学也许是最真实的。我们可以与班级不同层次的学生进行聊天，倾听他们的内心世界。从而发现，他们认为的班级是怎样的？他们眼中的同学是怎样的？他们希望的老师是怎样的？我们适当地做一些记录，根据谈话尽量向他们希望的班级靠拢。

多角度了解班级，可以让我们做到心中有数。

三、介绍自己，取得信任

很多老师都会接手新班级，交接时就直接让前班主任把自己拉进群了。

我不是这样做的，当我没准备好怎么介绍自己前，我绝不会贸然入群。介绍自己的方式很多：你可以发一段文字，但是显得不用心，或者你可以写一封信（比较诚恳）。我的做法是图文并茂，做一份自己的PPT简历，其中包括自我介绍、自我评价、教学中的我、领导与同事眼中的我、学生及家长眼中的我、我的教学理念、我的荣誉、未来教学规划等内容。

打造一份属于自己的、用心且动情的个人简历，既可以消除家长的顾虑，又可以取得他们的信任。

四、提出要求，共建班群

（一）管理学生群：给学生在群里布置假期小任务

入群后，就要开始打造你的班级社群了。我一般从学生的假期学习开始管理。例如，为了让我尽早认识学生，我会建议他们在群里进行朗读、阅读或背诵打卡，发送一分钟视频或音频到群里，让我看到他们假期在家学习的状态，有时间的话会对学生的音频或者视频进行点评，多半是表扬和鼓励性的话语。碰到晚睡的学生，我就会借机跟他们强调打卡的时间，不晚于晚上10点半，希望他们早睡早起，健康成长。这可以给其他学生一个参考和警醒。

（二）管理家长群：家长会上约定规矩

对于家长群的要求，我觉得放到入学后的家长会上当面说比较好。需要强调的是，群里的交流时间不晚于晚上10点半，保证睡眠，碰到急事可电话联系。交流内容包括学校通知、老师发布的作业、学习的正能量等。希望家长们能够接龙知晓，确保都清楚！

无规矩不成方圆，有了约定俗成的规定后，以后会给你减少很多不必要的麻烦。

五、规划准备，迎接开学

（一）做好班级规划

"国有国法，家有家规，班有班规。"建议教师一定要打造属于自己的班级规划，用班级文化引领学生的成长。中途接班时，很多班级之前已经有了自己的班级文化，这时我会参考和融合。班级理念跟我一样的，我坚持做下去，一些做法跟我不一样的，我建议大家适当做一些更改，打造属于自己特色的班级文化，在带班时会更加得心应手。

（二）做好开学初各项准备

利用假期，可以提前做好班干部竞选意向问卷星调查表和班级分工表（如班级管理、卫生值日表等）。关于班干部竞选，我是这样做的：职位是根据班级人数来设置的，确保人人有职位，人人有事做，事事有人做。关于班级管理，我想说一下：我一般实行管理轮流制（强烈推荐），不让一个或几个学生长期管，这样他们会有厌倦感，也会占用他们太多时间，轮流管理可以让学生形成竞争管理机制：比比谁管理得更好！可以让学生更珍惜自己管理的机会，也可以让学生有更多时间做自己的事情。班干部职位设置：大家可以根据学校和班级的需要自行设置。我的设置如下（仅供参考）：班长（5人）、副班长（5人）、班主任助理、学习委员、劳动委员、体育委员、安全委员、各科课代表、路队管理员（负责放学路队）、保洁委员、护花使者、特别侦查员等。职位的设置有大家熟悉的岗位，以及富有班级特色的职位，如特别侦查员（向我报告课间学生的活动，特别是值得表扬的人和事）。

班级卫生表等也可以利用假期，根据班级名单提前做出来，把每个人的分工详细列出，让他们利用假期熟悉自己的值日任务，提前练习。这样一开学，班级的卫生能够确保！

凡事预则立，不预则废！

六、初见学生，赢得喜欢

（一）露一手绝活

开学与同学的第一次见面，非常重要！所谓一见定乾坤！因此，开学第一节课，老师一定要认真准备。在读书和跟其他老师群里交流时，发现很多老师喜欢在学生面前露一手自己的绝活，这是一个好办法！记得特级教师于永正老师在学生面前展示他的手风琴征服了学生，之后又用他的美术折服了学生。我还记得特级教师张祖庆老师在讲座中分享他高中时的语文老师在他们面前一笔写自己的名字以及快速地读课文和倒着读背课文等，至今让他印象深刻。我们可以根据自己的特长来展示。我曾在第一节课中用"藏头诗"的方式征服了班级学生。我把每个学生的名字写成藏头诗，第一节课让大家去找名字，然后做自我介绍，当时是五年级，学生那节课情绪高涨，非常喜欢。从此，我在他们心里留下了有才的印象！

（二）奖励诱惑

俗话说："要想抓住一个人的心，先抓住他的胃。"我们学习特级教师管建刚老师那招，奖励学生一些喜欢吃的小零食，哪怕是一颗糖、一根棒棒糖，他们都会非常喜欢！还可以奖励一些学习用品，这些学习用品记住不要中规中矩的，现在的学生很挑，不喜欢！要紧跟潮流，如学生喜欢的盲盒笔、与众不同的韩式笔等。

初次见面，用上这两招！学生不爱你都难！

七、用心用情，打造星班

要想让你的班级走上正轨，除了前期做的这些事情外，还远远不够。因为班主任真的不好当！对于新班级后期我是怎么管理的呢？

（一）每周一美篇：助了解

为了把班级管理好，开始接手班级时，我会利用美篇进行班级每周总结。手机下载一个App很方便，可以图文并茂，做起来也很快！只要有手机和图片，随时随地可做。当然现在比较流行公众号，我们也可以用公众号记录，让更多的人看见。总结内容包括记录本周学校活动、班级活动、微团队学习和活动总结、表扬学生、学生优秀作品、家长义工活动等，内容可根据本周情况弹性记录。

（二）每月一总结：激进步

根据每个月班级积分情况，评选出积分榜前十名的学生以及进步奖三名，在班会课的时候进行幸运大抽奖活动。实践证明，对于抽奖这个形式学生非常喜欢，可以买个抽奖箱，也可以利用PPT做成砸金蛋或幸运红包等，学生都非常喜欢！通过这样的激励方式，来有效地促使学生进步。

（三）微团队建设：促成长

学校特别重视微团队建设。经过实践发现，微团队的组建对于班级学生的学习和社交确实很有好处。就是把班级学生根据能力均匀分成实力基本均衡的若干小组，让优秀学生带动渴望进步的学生。刚组建时，教师一定要强调要求，及时跟进，要不然这个微团队等于形同虚设。

关于微团队活动。我会让各微团队每个学期交一份计划表给我，每个微团队必须保证每月组织一次活动，活动由家长轮流组织，无特殊情况必须全员参与。活动后要有反馈，可以美篇总结，也可以公众号总结。

关于微团队学习。各微团队每天在群里打卡学习，一般是朗读、阅读等，教师在各微团队群里，可以及时了解学生的学习情况。根据学生的打卡情况，每周评出两个优秀微团队进行加分，每月选出一个最佳微团队进行奖励。

班级管理前期，只要教师用心、坚持去做，发挥表扬的魅力，看见每一个学生身上的闪光点。我相信你的班级能够很快走上正轨，而且越来越好！

最后我想说："中途接班不用怕，只要你用心、用情、用爱去对待，一定会收获一个五星好评的班级。"

巧设废纸回收箱，我们赚到了班级的"第一桶金"

深圳市南山区前海港湾学校　郭　凤

一个班级的卫生状况关系到一个班级的形象，虽然卫生工作看上去是件小事，但实实在在做好却并不简单。

班级卫生管理是一项集体活动，若组织得当，就能培养学生的团结协作能力和荣辱与共的美德。

一、起因

"老师，咱们班又被扣分了！"卫生委员庄同学一边说着，一边把一小把碎纸屑塞到我手里。"老师，某某同学的位置下一大堆垃圾，刚刚校长过来巡查，教室被拍照了。""老师，某某同学今天带了零食来学校，把吃完的垃圾随便丢了一地。"……以上种种场景已经不算什么稀罕事，几乎每天都要上演一遍，扣分几乎让我感到麻木了，扣就扣吧，能怎么办呢！作为班主任的我已经尽力了。每周班会课的情感熏陶，每天到班后的亲自督促和示范，仍不见多大改变。扣分依旧，教育无力！

还记得一个月前，当我对着全班学生说一定要把卫生搞好否则被扣分时，一个被我"教训"过的调皮男生生气地说："扣吧，扣吧！反正班级每天都被扣分。扣光了更好！"

当时的我火冒三丈，真不知道现在的孩子怎么能说出这样的话来。已经一个多月了，班里还像个垃圾堆一样，到处都是纸屑。

二、教育实践

实践一：突发奇想，巧设"回收箱"

一天早读，我跟往常一样走进教室，不过这次我不只是看着地上的垃圾叹气，而是仔细观察了地上的垃圾。废纸几乎占了三分之二，每天督促学生捡垃圾时就不停地往教室垃圾桶丢，导致每次教室垃圾桶爆满。我看着地上的垃圾心里想："一定得想个一举两得的好办法。"

我慢慢地走向讲台，让早读的学生暂时安静下来，然后说："同学们，你们看，刚刚老师发现很多同学往地上乱扔作业纸，这些纸还没写过就被撕下来丢在了地下，你们觉得，这算是浪费吗？"

学生一致答道："浪费！"我突然觉得，要是给学生上一次有关环保、节约的教育课，兴许能让学生养成节约的习惯，还能减少班里的垃圾呢！

我马上接着说："是啊，孩子们，咱们的爸爸妈妈每天辛苦工作，花钱给我们买本子，供我们读书。可我们却不懂得珍惜，随意乱撕本子。所以，我倡议大家，回收班里的废纸，不管大的小的，都放进回收箱里，我们定期卖出我们的废纸，得来的钱作为班费用来买书或者每月生日会的采购怎么样？"

没想到，这个想法得到了全班同学的一致同意，而且班级里几个经常制造垃圾的学生竟然主动提出要做废纸回收箱的管理员。

第二天，诺熙同学从家里带来了废纸回收箱（见图1）。全班同学都在教室里整理自己的废纸，然后交到管理员那里，很快，我们的回收箱就装了一大半。小管理员跑来跟我说："老师，发财啦，你看！实在太多了，都快装不下了！"

图1　废纸回收箱

实践二：语重心长，交流回收意义

下午午休结束后，我跟大家说："同学们，你们觉得我们回收废纸有意义吗？"

某同学站起来说："老师，我觉得我们像是捡垃圾的。"

我请他坐下，然后郑重地说："同学们，我们并不是在单纯地捡垃圾，我们是在做一次有意义的环保活动呀！把我们的行为说成捡垃圾，境界太低了！你们每个人都可以做环保小卫士。如果我们把还能用的纸找出来再次利用呢？如果我们把不能利用的纸卖掉，做些有意义的事呢？这样的捡垃圾，有意义吗？"

同学们都不住地点头！

在接下来的两个星期里，卫生委员庄同学一进教室就高兴地跟我说："老师，咱们班一分没扣！我们已经连续两周拿了文明班级了！"

结果：开心激动，收获"第一桶金"（见图2）。

图2　收获"第一桶金"

今天一进教室，就收到了来自文博的两元钱。当时的我还有点蒙！为什么给我两元钱？

他有点失落地告诉我："老师，这是我们班卖废纸的钱！"

我这才想起来昨天让他做的事。临近放学，班里的学生告诉我，我们班的垃圾回收箱已经满了，可以拿去卖钱了。为了满足学生的好奇心和成就感，我在班级问："谁愿意把这个废纸拿去卖了呢？"没想到一双双小手举得高高的，大家争相想做这件事，这是好事呀！

我又问："你们知道拿去哪里卖吗？"

"我卖过，我家楼下就有收废品的地方。"文博大声且坚定地告诉我。

"好吧！这个光荣且艰巨的任务就交给你了。"我宣布道。

放学后，只见文博和其他同学一起抬着垃圾箱兴高采烈地走出了校门。

看到有点失落的文博！我决定用课前五分钟大肆表扬孩子，并让"两元钱"发挥它最大的价值。

上课了，互相问好后，我带着激动且开心的语气说道："同学们，看！我手上拿的是什么？"

"两元钱。"大家异口同声地回答。

"知道这两元钱是怎么来的吗？"

"卖废纸得来的。"文博大声回答道。

"这是我们班级的'第一桶金'，我要感谢文博同学的付出。昨天是他把班级废纸拿去卖掉了。虽然只有两元钱，可这代表着什么呢？这背后的意义是什么？你从中有什么收获呢？生活处处皆语文，语文处处皆作文。请把你最真实的感受写出来吧！不限字数。要求一个字'真'，就是真实的感受。"

为了缓解文博同学的失落感，我给他布置了一个特别的作业："文博同学参与了卖废纸活动，我想你的感受肯定会更深刻，更与众不同！老师很期待你能跟大家分享你是如何卖废纸的。"

通过微型写作，让学生感悟"两元钱"的意义。

就这样，看到学生都写出了自己的感受。我用了十五分钟让同学们写了一个小练笔。最后还升华了一句："虽然两元钱很少，但郭老师希望你们卖的钱能够越来越少，我会更开心！"这句话有很多同学都领悟到了。

附：

文博同学感想：

这一学期由于班级卫生实在太脏了，班级就像个垃圾堆，每天管理都没有效果，后来郭老师提议设立垃圾箱，专门回收废纸，这样还可以卖钱。我们班同学一听高兴极了！于是，第二天，诺熙同学就从家里带来了一个纸箱子。一下课，同学们就把废纸放进了回收箱里。渐渐地，我们班级的垃圾越来越少了，卫生也变好了。

昨天，我们的垃圾回收箱装满了，郭老师问："谁可以把废纸拿去卖呢？"我主动领了任务把垃圾箱带回家。

回家后，我快速写完作业、吃完饭后带着箱子去卖废纸。我找了很久终于找到了收废品的地方。

我问老板："可以卖多少钱？"

老板说："一元钱。"

我说："太少了！三元钱。"

老板说："就一元。"

我说："两元吧！"

老板说："两元就两元。"

可是他要我把班级的废纸回收箱也一起拿给他。当我收到两元钱时，别提多开心了，因为这是班级所有人努力得来的两元钱。但诺熙同学带来的箱子却被卖掉了。一想到班级没废纸回收箱了，我又赶紧去找了一个大箱子，好让班级明天能用上。

班级同学感想：

当班级有了"第一桶金"的时候，我的心里似有一万只羊在蹦蹦跳跳。班级"第一桶金"的意义是我们班的垃圾开始变少了，我们班值日的人也可以不用因为我们乱扔垃圾头痛了，莉婷同学也不用辛苦留下来，到很晚才回家了。我的收获是，垃圾不要乱扔，垃圾可以卖钱，可以把空瓶子和不要的白纸拿去卖钱，卖来的钱可用于举办活动，虽然只有一点点的钱，但是这是很多人一起努力的结果。

——颖嬉

昨天，文博把我们一起收集的废纸拿去卖了，卖了两元钱，别看只卖了两元钱，但是我们积少成多，就可以积攒很多钱。积攒很多钱，老师就可以拿这些钱去给我们买很多好吃的。这是我们三（6）班赚的钱，这是我们团结的力量。

——小铮

今天我们班级得到了"第一桶金"——两元，我们通过做废纸回收箱，里面放垃圾、废报纸，还有各种各样的牛奶盒子，虽然只卖了两元，但是"两元"里面藏着很大的秘密，它代表着我们班级团结合作。另外，如果垃圾越来越少，就表示班级卫生进步了。

这就是"两元"的意义，也让我们感觉到赚到"第一桶金"的喜悦。

——佳桐

昨天，我们同学捡的废纸已经卖了出去，这是我们班挣的"第一桶金"，虽然才卖了两块钱，可是，这是通过我们班全体同学努力得来的，我们班的卫生也更干净了，我们还要更加努力去做，这样我们班的卫生会越来越干净。同学们，为我们班加油打气，也希望我们班得到更多的荣誉。

——庆洲

三、结束语

看着班级的变化，读着学生的文字，这是意外的结果，这都是这群让我无数次崩溃甚至觉得教育有点无力的学生做到的。通过这件事，我认识到，任何时候都不能把学生固化了，他们是能够成长的，而且成长的速度远远超过我们的想象。

我们任何时候都要相信学生，相信他们能变得更好，我们要不断地观察学生，不断地学习，才能把他们培养成为社会需要的人才！

凑巧今天刚好读了王晓春老师的《学生个案诊疗》，其中提到三种思维方式解决学生问题，让我受益很多。

第一种思维：行政思维。这种思维采用的主要手段是"管"。标志性口号是"没有规矩，不成方圆"，造就了大批管理型教师、官员型教师。

第二种思维：文学思维。这种思维采用的主要手段是煽情、说教和舆论。这种思维方式的主要特点是强调道德和情感，动之以情，晓之以理。标志性口号是"没有爱就没有教育",造就母爱型教师。

第三种思维:科学思维。这种思维采用的主要手段是全力破案、评估影响、弄清问题种类(品德问题、心理问题)、进行个案诊疗。标志性口号是"没有调查就没有发言权"。

我觉得在教育工作的路上,我们追求的是真善美。上述三种思维追求点不同:行政思维和文学思维更注重善与美,而科学思维更注重真。希望作为教师的自己能够把三种思维游刃有余地运用在各种问题的处理上,做一位淡定从容的智慧型教师兼班主任。

以爱之名，行爱之旅

深圳市光明区长圳学校　郑惠玲

没有爱就没有教育。对于六年级的学生，班主任要以良师益友的身份，走进学生心灵，倾听学生需要，感受学生那波涛汹涌的情绪起伏变化。如何能最大化地实现对学生的言行感同身受，唯有以爱之名，行爱之旅，才能与学生产生心灵的共鸣，从而实现育人、育心的高效班级管理模式。

一、以旁观者的身份，摸底学生情况

在接手一个新班级，特别是作为六年级毕业班"后妈"的班主任，相信每个班主任都困惑的是如何打入"敌人"内部，成为他们的"统帅"，让这些未来的"部下"能够"闻风丧胆"，从而实现我们的"解放班主任双手"的班级管理模式。然而却忽视了以没有感情基础的权威来"威慑"这群六年级学生，是无法实现"长治久安"的，后期会带来一系列"头痛医头，脚痛医脚"的班级管理问题，可谓是每日都会处于"一波未平，一波又起"的班级管理工作状态中。

我的建议是，在接手一个毕业班前，班主任要善于利用现有的宝贵的学生"前任"教师的中肯评价和研读学生的评价手册以及一些书面材料，以旁观者的身份去了解与研究学生，切忌带入个人偏见和先入为主的观点去看待学生。通过以上方式去了解和研究学生的目的是确保我们能够对学生的性格特点、爱好、家庭情况、家长教育理念、人际关系和在校担任班干部等情况有一个初步的了解，便于后续进行班级管理时能够有针对性地进行"偏爱""厚爱"和"薄爱"，让班级的每个学生个体都能健康成长，从而实现班级和谐发展。

总之，以旁观者的身份去了解和研究学生是非常重要的，在我们与学生没有任何接触之前，没有产生任何个人的"七情"时，我们以爱的名义，行爱的班级教育之旅，一定会对良好的师生关系的形成产生积极影响。

二、以当局者的身份，倾听分享学生琐事

很多班主任一天下来都会被班级管理和教学事务"所累"，很多身心俱疲的班主任常常认为，自己一天工作下来已经很累了，花费在学生和家长身上的时间也非常多，不可能再占用自己下班后和周末的时间去陪伴学生。其实，作为高年级的班主任，尤其是六年级毕业班的班主任，我们不妨花一点我们认为的自己"额外的时间"去与班级学生相处，这会打开我们教育世界的另外一扇窗户，也会让我们后续班级管理真正地实现"解放双手"的班级管理模式。

首先，要让学生大胆表达对我们班主任的情感。我们班主任要学会毫不吝啬地去赞美我们的学生和表达我们对学生的爱，只有让学生感受到我们的爱，学生才会打开心灵的那把枷锁，向我们敞开心扉。

其次，我们要与学生有互相倾听和分享彼此琐事的时间与空间。比如，在我的班级管理中，为了获得更多时间与学生相处和了解他们那似乎与我们有着代沟的00后世界，除了利用我的英语学科设计一些课后活动，如一起外出参观关山月美术馆、何香凝美术馆和一起在深圳书城、图书馆里流连忘返，我还会与在班级小组积分管理中胜出的第一名和第二名小组进行"美食共享闲谈""登山唠嗑""操场漫步"等奖励活动。在这些活动中，我享受与学生相处的时光，在这些时光里，我可以是学生口中的"妈妈"，可以是学生眼中的"惠玲姐姐"，也可以是学生心中的"朋友惠玲"，我们彼此共享着一些美好的事情，一起成长、一起前行。

最后，我们要创造与学生密切交流的互动反馈平台。六年级的学生作为

网络"原住民"的一代，我们可以巧妙地利用抖音、QQ空间和微信等方式记录学生的日常，分享正能量。我们应对学生的留言给予积极的反馈，当学生QQ空间动态等平台能毫无保留地对我们开放时，这便是我们班主任抓住了教育学生心灵的德育妙药，更是有利于我们全方位把握班级动态发展，也可以以多元化的方式引导和教育学生以及管理班级。

除此以外，我们还可以采用传统书信交流。在班级里设立一个"忘忧驿站"，让这些处在叛逆期交界处的学生分享他们的喜怒哀乐和困惑，用我们真诚的言语回复他们的每一次来信，当信箱里的信由开始的"一两封"到后来的"七八封"，再到最后变成我们与学生互相关心的媒介，那我们便赢得了学生的心。

浇花要浇根，育人要育心。班级的管理需要我们班主任去收获50个孩子的芳心，方能实现"解放双手"的班级管理模式。

三、以牧羊人的身份，引导和管理班级发展

一个班级由50个独立的学生个体组合而成，让50个独立的学生个体拥有共同的奋斗目标，在班级寻得归属感，用我们的爱对班级每个学生进行启智润心的教育，从而让一个"同呼吸，共命运"的班集体诞生。作为班主任，我们要真诚地热爱学生、相信学生，做班级发展的引路人，让每一个学生都能积极参与到班级的民主管理中，享受心灵共振的班级管理。

多彩课间

深圳市光明区凤凰培英文武实验学校　洪嘉敏

　　小学时期的孩子们，总是"上课一条虫，下课一条龙"，这点在我们班上体现得淋漓尽致。我们班一共有44位学生，其中有27位是男生。处于躁动期的学生每到下课就会你追我赶，在教室内外或楼梯间追逐打闹，教室内外仿佛是一个战场，充满了"硝烟"和噪声。作为班主任，我多次对学生进行安全教育，讲述课间存在的安全隐患问题，但是几乎没什么作用，同学们依旧左耳进右耳出。于是，我便想采取一些课间娱乐的方式来改善这种情况。

一、齐齐动脑想规则

　　为了制定更加受欢迎的课间规则，我邀请学生一起参与规则的设计，学生各抒己见，贡献自己的"小点子"。把大计划分成小计划，这样就便于实施了。于是，我和学生就制定了第一次的活动内容，一起定好以下规则。

　　（1）课间不许在教室内外、走廊、楼梯等地方追逐打闹。

　　（2）同学之间互相监督，确保每日都按时打卡。

　　（3）认真完成课间活动，不作弊，不要赖。

　　（4）每周更换一次活动主题，制定活动宣传卡。

　　（5）一周打卡满5天的学生，可获得小奖品一份。

二、人人参与比一比

从当周开始，我们班便开始了为期一周的"阅读周"活动。学生可以借用班级图书角的书籍，也可以从家里带来自己喜欢的书籍进行阅读。课间学生稍做休息之后便利用闲暇时间进行阅读，两天下来，班里的阅读气氛得到很大的改善，玩玩闹闹的学生也静下心来认真阅读了。好的榜样具有很大的带动性，当班级里出现三分之一投身阅读的学生时，接下来的三分之一学生慢慢地被影响了，逐渐加入了阅读的大队伍。那么剩下的三分之一学生呢？他们是不是还在追逐打闹，肆意奔跑呢？这时的答案是否定的。剩下的三分之一学生，他们虽然没有加入阅读的大队伍，但也受班级里安静的阅读环境所感染，有的在发呆，有的在画画，有的在小声聊天……总的来说，已经大幅度减少了之前所担心的安全隐患问题。

这一周以来，我一直在观察学生课间的情况，发现学生虽然不在教室内外奔跑了，但是新的问题又出现了。

同学们下课后洗手间也不去，水也不喝，也不稍做休息，而是以最快的速度拿出他们的课外书，认认真真当起了"小书虫"。我心想："这可是影响视力的大问题呀，这活动得改！"于是，在完成了一周的阅读活动之后，我便采用其他的活动代替课间阅读了。

三、学乐结合好放松

继"阅读周"后，第二周我们安排为"数独周"，数独被称为"一个人的围棋"，它不只是简单的数字游戏，更是一项健康的休闲活动，有助于活化大脑、培养耐力、舒缓压力以及集中注意力。真正的数独并非简单的数字位置的机械变化，在数字的选择中隐藏着独一无二的创意。这种极具挑战性的益智游戏适合多个年龄阶层的学生，能让他们越玩越聪明，越玩越爱玩。

刚开始学生对于数独还很陌生，在讲解了玩法和规则之后，很多学生还是频频犯错，解不出数独来。但这款益智游戏就像一个谜一样，越是解不出来，就越是想破解它。学生越战越勇，不断挑战，不断进步，通过小组合作等形式进行破解，最终"众人拾柴火焰高"，等学生完成一个完整的数独时，他们脸上露出的是骄傲的笑容。

四、逐步调整看成果

在接下来的几周，我们陆续安排了"音乐周""花绳周""折纸周""故事周""棋类周""手工周"等活动，学生在课间玩得不亦乐乎。

那么，我们再来反观一下学生的课间纪律情况，是不是还像刚开始那样每天为课间纪律发愁呢？经过这几周的安排，我很开心每天都能看到学生的进步，看到学生认真的一面。同学们都能在课间放松下来，好好享受这十分钟的娱乐时间，早把追逐打闹忘到九霄云外了，个个都你追我赶争取做得更好呢！

课间休息可以消除由于上课时久坐所产生的肌肉的静力性紧张，能消除大脑的疲劳，更快恢复大脑的工作能力。下课走出教室去玩玩，和同学聊聊天，虽然时间短暂，但可以释放低沉忧郁的情感，有利于学生再次迸发青春的朝气，更有利于青少年心理的健康成长。我们要为课间十分钟保驾护航，为学生的安全保驾护航。

以爱育人

——我与孩子们的故事

深圳市光明新区李松蓢学校　张 莹

　　人们常说，没有梦想的人生是无聊的，没有创造的生活是平淡的，没有燃烧的事业是无奈的，没有爱心的世界是黑暗的。从短短的几年教学生涯中，我深深体会到：教育是爱与责任的交融。

　　在世人的眼光中，把教师这个职业看作天底下最轻松的职业。一年享有两个长长的假期，凭着三寸不烂之舌混日月，风吹不着，雨淋不到。我每听到这些话语，只是一笑了之，因为我明白，只有在三尺讲台上摸爬滚打过的教师，才能真正体会到这份工作的艰辛，才能真正感觉到这一事业的神圣，才能感悟到"教师"这两个字的深刻含义。

　　记得刚刚来深圳民办学校教书的时候，我担任一年级的班主任，面对懵懂的孩子，毫无经验的我开始面对一个又一个严峻的挑战，也开始领略教师——这个所谓世上最"轻松"的职业。

　　第一天走进教室，看到学生陌生、害怕的眼神，听着"哇哇"的哭声，我的心里一阵阵纠结——这可怎么办啊？正当此时，一个小男孩跑到我身边说："老师，这是我送给你的爱心卡。"也正是这个小男孩的一个可爱的小举动，突然让我感受到了他们的可爱，点燃了我心中的爱，使我产生了想一点点去照顾他们、爱护他们的责任心。随着时间的推移，与学生相处的时间越来越多，我的这种爱与责任就越发强烈，而它的源泉就来自我的学生，是

147

他们给了我无限的爱，是他们让我重新审视自己，是他们让我更进一步解读这条我将用一生来完成的教育之路。从此，我们的爱慢慢地交织在一起。

记得冬天的一个早上，天气特别冷，而我又是个怕冷的人。做操时我不停地搓手想增加点热量，小铧突然跑过来，问我："老师，你很冷吗？"我点点头说："是呀，老师好冷。""老师，我的手很热，我给你暖暖手吧。""不用……"还没等我说完我的大手已被他的小手握住了。突然，有很多学生跑过来，把他们那一双双小手伸到我手里："老师，我的手也很热，我给你暖暖。"刹那间，一双双肉乎乎、暖融融的小手，像一股股暖流，直通我的心脏，温暖了全身各个部位。我的眼眶湿润了，嘴里除了说"谢谢，谢谢"之外再也没有其他言语。因为再多的言语也不能表达出我当时的感受，学生的善良在一个小小的动作中表现得淋漓尽致，有一种力量让我用力去抱住这些可爱的学生，许久，许久……

诸如此类感人的事情不断地在我的生活中上演，我刚刚开始的教学生涯就像一部感人的诗画，我在这其中感受着爱，赋予着爱，责任也在我的心中油然而生。

陶行知先生说："没有爱就没有教育。"热爱孩子，不仅是一名教师人品、学识、情感与亲和的展现，实际上更多的是倾注了我们教师对祖国、对人类、对未来的热爱。因为有爱，我们才有耐心；因为有爱，我们才会关心；因为有爱，我们才会和孩子心贴着心。

我现在所教班级的学生由于来自不同地方，学习成绩、思想品质良莠不齐，平时我注重观察、表扬和奖励。通过我的爱心教育，学生的习惯养成得越来越好。例如，小卓是我班每次考试倒数第一的学生，他下课爱追逐打闹，不讲卫生，调皮惹事。一次课间，我发现他在走廊上把一张废纸拿在手里玩着，我对他说："小卓，你真好，有班级荣誉感，随手捡垃圾。"他一听这话马上把废纸扔到垃圾桶里。在课堂上我又特意表扬他，还奖励他一个本子。接下来，我瞄准时机，他每做一件好事，我都有小小的奖励或说一句真心的表扬。后来，他变得很乐意为班级做事，如抬水、主动打扫卫生、主动发放作业本等，每天快乐地学习着。他的进步也给其他调皮的学生起到了表率作用，带动了其他学生都向他学习。每周的班会课上我都会表扬一大批学生。班级的正能量在一次次表扬中逐步形成，班级的凝聚力也在表扬中进一步加强。在爱的交流中，我的工作也有了较大的起色。真是应验了"有付出就有回报"这句话。

爱学生成长过程中每一个微小的"闪光点"，实际上是教师最大的乐趣。作为一名小学教师，我们的责任感可以体现在关心和热爱学生上。爱，是师者之魂。我想：班级的每一个学生都像孕育在土壤中等待发芽的花种，一旦感受到我们对他们的尊重、赞赏和期待，他们的潜能和个性就会充分地展现出来。我强烈地感受到，爱是维系学生向心力和凝聚力的最好纽带，而这份爱心、这份真情不正是师德的具体体现吗？"师以德为先"，我想如果把"德"字贯穿自己的教学生涯，那么我们的学生就会如沐春风，如润细雨，在享受到博大的师爱的同时，健康快乐地成长。突然我领悟到：爱学生不就是爱自己吗？

我爱学生，学生也爱我。因为有了爱，地更阔，天更蓝；因为有了爱，花更艳，草更芳。我心中的那份爱，将激励着我在人生的道路上从容跋涉，用热血和汗水去浇灌一茬茬幼苗、一簇簇花蕾，用爱心与责任去托起明天的太阳！

班会设计

班级规划

班级活动

管理妙招

教育故事

家访奇遇记

——我承认都是手机惹的祸

深圳市南山区前海港湾学校　郭　凤

依然是一个家访的周末，自学校启动"了解学生，走进学生的心里"全员家访制后，我的周末不再属于我。

这周末虽然是假期，但我还是给自己排了满满的家访任务。

"该轮到小A家了。"我刚走到门口，就听到里面传来一阵激烈的争吵声。

"你这孩子，到现在还没做完作业，一天到晚就知道玩手机，把手机收起来！"

"再玩一会儿，马上就好了。"

"这个手机没收了，去做作业。"

"你好烦啊！把手机还给我！"

随后，门里传出一阵争吵声、哭喊声。

作为班主任的我不知如何是好，家访第一次遇到如此尴尬的事情，我是进门还是不进门呢？这是个问题——进了门，我将面对一对刚吵完架的父子，"我做好准备了吗？"我在心里问自己。不进门，偷偷地走掉，"我是位合格的班主任吗？"我再次问自己。

在门外徘徊了许久的我，还是鼓起勇气敲了门。

小A爸爸开了门，我观察到他此时脸色极红，但还是热情地邀请我进家，给我倒了茶。我说明了家访的来意，主要是了解孩子在家的表现情况。

此时小A爸爸难为情地说："老师是想听真话还是什么？""当然是真话，大真话。"我笑着说。

"就在你进门前不到五分钟，我俩刚吵了一架。"小A爸爸说道。

作为班主任，我本能地问道："因为何事吵架？小A这孩子敢跟你吵架？他在学校可是乖乖男一枚哦！"

了解情况后得知，此次冲突的原因就是小A放学回到家后，没完没了地玩手机。爸爸看不过去，就直接没收手机，孩子因此和爸爸争执起来，最后还打了起来。

"老师，孩子究竟为什么这么沉迷手机呢？"孩子的爸爸既着急又难过地问我。

"如今，科技发展了，孩子们从小就开始接触手机等电子产品，让很多心智不成熟、缺乏自制力的孩子沉迷其中，无法自拔。"我一边安慰孩子的爸爸，一边回答他的问题。

"其实我特别能理解你们，不光是你家孩子，很多孩子都跟小A一样，沉迷手机。我想主要是手机能给人带来随时更新的新鲜感、强大的掌控感以及被需要感吧！再加上手机上的各种社交软件、游戏软件带来的快乐、简单、初级、容易的满足感，因而吸引力特别大。"

"没错。"孩子的爸爸点点头，若有所思。

我继续说："第二个原因，就是大环境使然。如今，无论是吃饭、出门、公交、地铁、作业、逛街等，都可以通过手机完成，因而几乎每个人都成了'低头族'，这样的大环境对于孩子而言，也有着潜移默化的带动作用。"

小A爸爸更用力地点头，不好意思地说："是的，我自己也是个'低头族'，一有空就习惯性地看手机。"

"还有一个原因就是，现在的孩子缺乏压力调节方式。当面临压力带来的不适时，就会本能性地寻求转移压力的方法。因此，刷抖音、打游戏、看剧、购物等简单易行的方式，就成为转移压力的首选。小A现在六年级了，不知你们有没有给他施压呢？"

小A爸爸说："我倒没有，就是他妈整天唠叨，孩子这不行，那不好的。"

"现在的孩子上学压力也很大，有时候也需要一定的调节。"我都不知道自己当时哪来的这一套套理论，说起话来有理有据，就像做讲座一样。

此刻，我庆幸自己当初在"继续教育"平台选课时，选了"如何让孩子远离手机"这门课，如今终于派上用场了。

小A爸爸听完我的话后，似乎有点理解。"原来是这样，那么，老师，我们该如何帮助孩子远离手机，让他不沉迷手机呢？"小A爸爸继续追问道。

对于小A爸爸的疑问，我笑了笑，喝了一口茶，给出了我的解决方法。

"首先，要给足孩子无条件的爱。"我说道。

小A爸爸有些不解："老师，不是要帮孩子戒除手机吗？怎么还跟无条件的爱扯上关系了呢？"

我不紧不慢地说："'无条件的爱'是指能够无条件接纳和理解孩子。因为在深圳这个节奏如此之快的城市，父母对孩子的陪伴太少了。"

"请问你平时陪孩子的时间多吗？"

"老师，你知道的，我们都是双职工家庭，有时候周末都要加班。"小A爸爸回答道。

"那就是了，孩子在你们那里得不到足够的爱和陪伴，便只能通过手机和网络获取。"我回道。

"小A爸爸，你试着给足孩子无条件的爱，让孩子提升自我价值感。我想他也就不再需要通过手机去填补他内心的空虚和缺失了吧！对手机的依赖程度也许会大大降低。更重要的是，无条件的爱还可以修复亲子关系哦！"我继续说着。

"还有，以后碰到这种情况，先跟他约法三章，制定好玩手机的规则，并达成共识，不要去强制没收'作案工具'。"

听到我的话后，小A爸爸有些不好意思地说："刚才，我没有控制好自己的情绪，二话不说，强制没收他的手机，怪不得孩子那么生气，我以后会注意的。"

我点点头继续说："其次，就是帮助孩子转移注意力，让孩子在现实生活中找到价值感。培养他各种兴趣爱好，在人际交往中找到价值感，那就能够取得事半功倍的效果。"

"这一点很容易做到，周末休息的时候，我可以带孩子多去户外活动，我们可以去爬山、去游乐场。孩子喜欢运动，我也可以陪他去跑步、打篮球。我们还可以去图书馆、书店逛逛，这些都是他喜欢做的事情。"听完我的话，小A爸爸一下子想出了很多方法，十分开心，紧锁的眉头也渐渐舒展开来。

"是呀，周末班级微团队活动也希望你积极组织并多带孩子参加，这可是难得的亲子相处时光哦！"

"最后，请给孩子营造一个'场'，配合亲子关系的改善，效果更佳。"

"老师，什么是'场'呢？"小A爸爸不解地问。

"'场'是心理学领域一个十分重要的概念，也就是说，一个人做事的冲动会受不同环境因素的影响。比如，进入图书馆以后，我们不自觉地就会受到'场'的影响，产生读书的冲动。利用这个概念，家长可以有意识地采取措施。比如，把家里的学习区和娱乐区分开，在家里打造远离手机的场域环境，在特定的时间里，把全家人的手机放到特定的地方，主动进行人机分离，人为地创设一个电子静默的空间，等等。通过这些方法，配合亲子关系的改善，相信会取得更好的效果。"

小A爸爸听完我的方法，握着我的手说："难怪孩子那么喜欢你，郭老师不仅有爱，还有方法。太感谢你了，老师，接下来我知道该怎么做了。"

其实，当他说出感谢二字时，我也打心底感谢自己！多亏自己平时有关注到孩子普遍存在的一些问题，并有意识地进行相关学习，要不然今晚的家访就没任何指导意义了。

从小A家出来，我的脚步轻快了很多。期待家长和孩子的改变，家校沟通、配合，我们永远在路上！

缺席的爸爸，焦虑的妈妈，养出失控的孩子

深圳市南山区前海港湾学校 郭 凤

都说教师是最神圣的职业，可时下的教育正处于艰难的转型期。教育中的很多问题，一不留神就会成为社会的焦点问题，而一旦曝光为焦点，就会引起网络上的轩然大波，引起教育部门的担忧甚至恐慌。

作为教师以及班主任的我，本想把自己打造成"人类灵魂的工程师"，可当面对学生的问题时，自己却成了"受气的小媳妇"。

班级英语老师是一位对学生学习非常负责的老师。一天延时服务课上，她告知班级同学："背课文，不背过关不准回家。"可班级里恰好有一个刚转学来的学生小Q，英语基础差，估计怎么背都背不下来；一听说不能回家，情急之下，她便趁老师不注意偷偷溜出教室，跑到学校走廊外大哭，情绪异常激动，越哭越大声，还差点做出过激行为。虽然我们及时制止了她，但是回想起来很是后怕。如果不幸发生，英语老师、班主任又何尝没有责任呢？

此时已是下午6点40分。我首先给小Q父母打电话告知小Q还在学校，并给家长报平安。接下来简单地跟他们说了小Q在学校情绪异常激动的情况。电话那头的父母似乎见怪不怪了，一点都不紧张，冷冷地回了我："这孩子又这样呀！"

"那你们能缓解她的情绪吗？"我问道。

"郭老师，在学校我们交给你吧！我们也劝不好她。"孩子的爸爸这样回答我。

于是，我把孩子带到身边，想方设法地先让她冷静情绪，如给她抱抱，给她讲笑话，给她零食诱惑，跟她谈心等，她终于冷静了下来，可是依旧不肯跟我说具体原因。为了彻底了解她，那晚我活成了她"妈"，一直静静地陪她到晚上11点，不仅给她买吃买喝，还想尽办法对她进行委婉而有力的教育，中间还要不间断地接孩子父母催促的电话。最后开车回到家已经是晚上12点半，睡一觉5点40起床，6点20准时出发上班。我不禁问自己："我的工作是干什么的？"答案当然是："教书育人。"可面对这类孩子，教育显得好无力！

因为这已经不是小Q本学期在学校的第一次冲动了。从六年级第一学期转到我们班级，一个星期后我就发现了小Q有冲动、易暴躁的情绪。课堂回答问题，老师点到她回答不出来，她会摇桌子、哭泣；课间，同学不小心碰到她，她会大声呵斥……针对小Q的一些反常现象，我曾尝试跟她谈话，也跟家长电话沟通了解情况。但小Q转学来我们班很长时间了，依然会控制不住自己的情绪，我在她身上采用了一些教育方法，但效果却不明显。

第二天，她来到学校，我打了"感情牌"。

"小Q，昨天回去睡得怎样？"

小Q不好意思地说："挺好的！"

"不过老师一直担心你，没睡好呢！我觉得你有事隐瞒我！"我故作可怜状。

"你一直没跟我说你为何转学来深圳？你父母是怎样的？我很遗憾，你没把老师当朋友。"我继续装作很无奈。

只见小Q沉默了许久，想说又打住了。我静静地等着，也许孩子需要时间酝酿。

终于小Q跟我说了："老师，五年级前，我一直跟妈妈生活在山东老家，爸爸则一个人在深圳打拼。从上学以来就是妈妈辅导我功课，照顾我生活。可妈妈对我功课的辅导，常常是缺乏耐心的，特别是碰到不会的去问妈妈或者考试考差了，妈妈就会发火。家里没有人能管得住妈妈。"我第一次觉得小Q原来可以这样心平气和地和我说话。

跟小Q的这次谈话中，我似乎明白了她为什么会情绪失控——家庭成长环境。找到原因后，我必须要先理性地分析一番，再找到其父母交谈。

于是，那段时间我有意识地去图书馆找一些父母缺席的家庭方面的教育书籍，还咨询了我身边研究家庭教育的姐姐。终于有一天，我在一篇文章《缺席的爸爸，焦虑的妈妈，养出失控的孩子》中看到这样一句话："上天给了你一个缺席的父亲，就会赠送给你一个焦虑的母亲，最终只会养育出一个失控的孩子。"

"是啊！小Q的爸爸成了家庭中的隐形人，母亲则会慢慢地把感情和注意力从丈夫身上抽离出来，寄托在孩子身上。孩子就只能活在夹缝中喘息，最后变得叛逆和失控。"

家庭的本质代表的是爱，教育的本质代表的是规矩。

于是，某天下午我拨通了小Q爸爸的电话。

"您好！是小Q爸爸吗？我是她的班主任，您有时间过来学校一趟吗？我想跟您聊聊！"

"好的好的，郭老师！我有时间！"电话那头这样回复。

20分钟后，小Q爸爸出现在我眼前，戴着眼镜，手提公文包，见了我后，面带微笑，并很恭敬地把一张名片递给我。我瞥了一眼名片，一家5G公司的办公室主任。一看就是高材生呀！

"郭老师，其实你没找我，我也打算哪天来找你呢！"小Q爸爸先说出这样的话。

"何出此言？"我笑着说。

"我那个女儿，脾气实在差，也不会控制情绪，我想问你有没有好办法？"

"看来我们是针对同一个问题而来。哈哈！"我笑道。

我把小Q自转学来在班级的表现以及前几天发生的事讲给了小Q爸爸听。小Q爸爸沉默了："郭老师，你有什么好办法吗？"

我也是翻看了一些书籍，咨询了身边的相关专业人员，认为小Q之所以这样，是因为在其成长环境中爸爸的缺席。于是我们的谈话正式开始了。

郭老师："小Q爸爸，她之所以这样，跟你有很大的关系。心理学认为，母亲对孩子的影响主要是孩子能否成为一个独立的人，而父亲则是塑造孩子对生命的看法，关系到人格的形成。若父亲在孩子成长过程中长期缺席，极易导致孩子性格、情感方面的缺陷。调查发现，那些没有得到父亲足够关爱和陪伴的孩子，容易焦虑、孤独、自尊心低下、自制力差，甚至还有攻击性强、喜欢较劲、叛逆等性格和行为问题，这些被称为缺乏父爱综合征。"

小Q爸爸："郭老师，真得叫专业的人做专业的事，接下来我们应该怎么办呢？"

郭老师："孩子成长没有偏方，有的只是负责的父母，提供稳定而健康的土壤。这土壤里，有爸爸的陪伴，更有妈妈的从容。因为只有父母的参与才是完整的，孩子才能在家庭中找到清晰的定位，以健全的方式朝着社会化发展，更好地成为自己。"

小Q爸爸："我特别认同老师的说法，你能等我几分钟吗？"

只见小Q爸爸掏出手机给小Q妈妈打了电话，让她马上来学校一趟。

小Q爸爸："郭老师，我觉得今天的谈话，她妈妈也不能缺席，你稍等10分钟，她妈妈也来。"

我们的谈话中断了差不多15分钟，我内心盘算着接下来的谈话得围绕父母双方来谈。

15分钟后，小Q妈妈也来了。我们互相问候后，又开始了谈话。

郭老师："我觉得小Q现在变成这样，除了刚刚说的爸爸的缺席外，妈妈的焦虑也是一大原因，那么如何改变这种现状呢？我需要你们用几种方式相互配合与接纳：

"第一，不要忽视夫妻之间的亲密关系。

"无论多忙也要给夫妻两人一些单独的时间和空间，如看场电影、吃顿大餐，甚至出去旅游等。要告诉孩子，爸爸最爱的人是妈妈，妈妈最爱的人是爸爸，然后爸爸妈妈一起来爱你。这不是自私，也不用担心这样会减少父母对孩子的爱。只有当男性回到丈夫的身份，才会有更多的爱去给到孩子。而且当妻子感受到丈夫的爱，也会慢慢放下焦虑，用更加温柔和坚定的爱去感染孩子。

"第二，尊重彼此的育儿理念和方式。

"妈妈因为自身角色使然，会对育儿更加精通，当爸爸做得不好的时候，小Q说妈妈会忍不住批评爸爸。其实爸爸也是爱孩子的，只是表达方式不一样，我们要允许爸爸对孩子的这种爱的表达。两位在育儿方式上的分歧，可以在双方都没有情绪时再进行讨论，让对方知道自己的想法和感受。记住，父母千万不要在孩子面前争吵。

"第三，妈妈需要从家庭中适当释放自己。

"妈妈也需要去发展除了家庭之外的生活，而不是天天围着灶台、孩子转。否则，长久下去，妈妈会觉得失去自我。矛盾、怨气、争吵也会接踵而来，孩子在这样的环境里根本没有幸福可言，反而容易被母亲一厢情愿的付出给绑架。小Q妈妈，女性的价值感不仅仅源于丈夫和孩子，还应该多发展自己的兴趣、爱好，不放弃自我的成长。只有一个不盲目逞强，能够自我尊重、自我放松的妈妈，才能让孩子也感到轻松。当自己越来越优秀，夫妻关系越来越和谐，孩子的成长也会变得更加顺畅和快乐。

"第四，家庭教育本质上是父母一场爱的'合谋'。

"一个和谐稳定的家庭，需要经营，靠的是你们双方的付出和热情。一个和谐稳定的家庭，更能成就一个身心健康、性格乐观、人格发展健全的孩子。

"作为父母，你们要正确地爱孩子，营造温暖有爱的家庭氛围。

"一位不缺席的爸爸，给予了孩子生命中最初的安全感，并将伴随和保护孩子一生。

"一位不焦虑的妈妈，用平和的情绪传递着人世间最温柔的情感，在孩子的内心铸就出温暖的一角。

"爸爸爱妈妈，妈妈尊重爸爸，父母合力，一起教会孩子什么是爱，如何去爱。"

跟小Q父母谈完话已是下午6点多，临走时，小Q父母感激地对我鞠了一躬："感谢郭老师给我们上了一堂极有意义的课。我们一定处理好家庭关系，为孩子营造一个良好的环境。"

其实这次谈话，我准备了足足一个多星期，为谈话想好了策略，这样的交谈才是有效的。之后的一段时间，我又多次跟小Q谈话，了解其父母的关系，只见小Q跟我说起她父母时，开心地笑了。

原来，家庭环境对孩子的成长如此重要！

不怕你犯错，但要及时改

深圳市光明新区公明中学　阮晓燕

　　清晨走进教室，就闻到一股难闻的味道，我知道，一定又有人吃辣条了。我在班上再三强调不允许带零食进校园，昨天还为此罚了一个学生写检讨，没想到今天还有人敢"撞枪口"。我顿时火冒三丈，一大早的好心情全被破坏掉了。

　　"是谁？站起来！"学生一脸茫然地望着我。

　　"我是问谁吃了辣条？"我补充道。

　　"老师，我们一进教室就闻到有味道了。"有的同学在一旁附和。

　　大概有半分钟的寂静，我目光严厉地扫视着全班，初一的学生，做了错事后那种心虚其实老师是能够一眼看出来的。

　　"老师，是我，但我吃的不是辣条，是干脆面。我今天早上没有吃早饭，我在小卖部买的。"小宇，一个成绩不错平时也很遵章守纪的孩子举起了手。

　　"老师，他也给了我一点，我也吃了。"

　　"还有我。"一个平时相当调皮的孩子，因为知道犯了错误，声音明显降低了八度。

　　刚才还怒发冲冠的我，看到他们耷拉着脑袋的样子，顿时火气小了一半。我还能说什么呢？看样子他们已经认识到自己的错误了，批评不批评已经不重要了。

　　于是，我临时把早读课改成了班会课，让学生讨论：小卖部的零食能不能吃？早饭该吃什么？如果真想吃零食，我们该怎么办？学生讨论得很热烈，那三名同学也在我假装不经意的暗示中坐下了，我想他们以后应该不会再犯同样的错误了。

想起以前，最怕处理的就是同学之间的矛盾纠纷，每天都有你意想不到的事情等着你，即使是我这样教龄不短的"老教师"也还是感到焦头烂额，而一直以来，让我最头疼的事情是有些学生犯了错误，始终不肯承认，找各种理由为自己辩解。当然，我理解学生这样做的原因，他们不想被批评。我也尝试着解开他们的心结，一次次告诉他们犯了错不可怕，可怕的是不敢面对自己的错误，可是，终究因为学生年龄大了，自尊心强了，或者是以往的历史经验告诉他们，这样做是不可行的。所以，学生很难做到我希望的犯错后勇于承认错误，最终让老师处理问题时花费大量的时间和精力，结果却不尽如人意。

新学期一开学，我就对自己说：不管学生犯多大的错，只要他能够认识错误，不推卸责任，我就坚决不批评，就事论事加以教育，但是，对于撒谎的学生我坚决不宽容。我一定要让学生养成良好的习惯，这会让他们在今后的学习生活中终身受益。而且，在过去一年中，我一直在向学生灌输这样的观点：勇于担当，知错就改，这次改不了，下次再努力，对于老师和同学偶尔的误解可以适当申辩但不是狡辩，有则改之，无则加勉。所以学生都了解我的脾气，错误经常犯，矛盾依然有，但是处理起来我比较省心，而且客观公正。

现在，我走到班上，地面上有纸屑，立刻就会有人捡起来，而不再是那句"老师，不是我扔的"。下课打闹，把同学弄哭了，"老师，我不是故意的，是……（解释原因），我以后会注意的"，而不再是两个人绷着脸，不依不饶地互相指责。

学生是灵动的个体，其实，对于成长中的学生来说，没有所谓的"真正的错误"，只有"经验"，成长是一个"错了再试"的过程。花有重开日，人无再少年，教师的职责就在于让学生学会正确面对自己不恰当的言行，帮助他们改正，在不断的尝试中知道哪些是应该做的，哪些是不该做的，这就足够了！

懂得，是最好的爱

深圳市光明新区公明中学　黄欣怡

"我们必得变成小孩子，才配做小孩子的先生。"这是我国著名教育家陶行知先生说过的一句话，我在看到时只觉心头一震。当我们以一位教师的固有姿态去爱一个学生的时候，这份高高悬挂于头顶的爱，学生真的能感受到吗？真的能正确解读吗？

张爱玲说过"因为懂得，所以宽容"，这是她对胡兰成深沉纤细的告白，师生之间又何尝不是这样。我认为，懂得是从关注开始的，我的目光追随着学生，这是一种爱而不宣的表现，在这几年的教育工作中，我体会到师生之间的交流十分重要，交流的精髓就在于关注每个学生，并且让学生能够感受到来自你的关注。

和所有的班主任一样，我也时常悄悄地出现在窗外或者后门处，除了一些日常的检查以外，我还会带着关注的目光去了解。先看看科任教师上到了哪一课，时时关心学生重难点是否学会，或是支点小妙招，于是无论哪一科的学习，学生都乐于与我交流一二。随后，我会关注那些坐得直、对我的出现毫无察觉的学生，还有那些认真做笔记、分秒必争的学生。等到我上课时，我的脸上洋溢着喜悦和赞美，把我所看到的好现象描述得有声有色，每个学生都能看到、听到，被表扬的学生会不断做得更好，其他学生便会油然而生一种羡慕的情愫。慢慢地，学生懂得了我言语里的期许，懂得了作为班级榜样的影响力，懂得了我喜悦和赞美背后的爱。

　　这样的办法，在课间同样适用。通常我会到班里转一圈，观察那些所谓的"后进生"，哪些学生有好人缘，哪些学生在主动整理讲台，哪些学生喜欢在图书柜前站着，等我上课的时候先表扬一番。这样，学生会很感激你，因为他付出的一切都被看见了，日子一长，这就成了他的优点、好习惯；而其他学生也明白了一件事情——做得好总能被看见，不因成绩而改变。学生懂得了我在给予他们一个展示的平台，懂得了我给了他们平等的关注，懂得了我表扬背后的爱。

　　早读是个特别好的关注时机。一般在检查完常规工作后，我便开始了漫长的关注。每个学生我都会关注，柔和地或严厉地看他一会儿。第一，要关注那些一眼扫过去就有异样的学生，他可能身体不适或心情不好，我便轻轻地走过去询问他。如果他摇头，我从不追问，学生也有自尊和秘密，有时不必过于强求，摸摸他的头或者拍拍他的肩膀是我最常使用的肢体语言，我可以传递我对他的关心，给他一点力量。第二，对于还未进入学习状态的学生，我从不点名批评，我知道他还需要一点时间，我会稳稳地站在他身边等待着，直至他开始大声读书，我再摸一下头表示鼓励。学生知道你维护了他，没有让他把早起还未适应的窘迫暴露在大家面前，没有让他因为早读受到批评而从低落开启新的一天，学生懂得了我等待背后的爱。

　　俗话说得好："火车跑得快全靠车头带。"有些学生值得更多一点的关注。培养学优生就是树立良好学风的强大助力。所以我建立了学习共生圈，我通过作业、课堂表现、日常学习习惯和其他老师的评价来甄别一些学优生或优生潜力股，我会制造一点小时机撮合他们在一起讨论交流，很快他们就会熟络起来，经常围在一起玩。学优生自己明里暗里会竞争，这样，班级的你追我赶的氛围就会被点燃。但因为大多数学优生都是独善其身的，也不愿花时间给其他学生，所以我会适当地让他们感受一点责任感，赋予他们班级进步、团结的光荣使命，同时给他们一点特殊的权力。每个人都有被需要的需求，这会令人感到幸福和满足，所以我会直接告诉他们"班级需要你们""独乐乐不如众乐乐"，平时他们会直接参与班级事务决策、班级规则制定等，我也会毫不吝啬地说"还是你最有办法"，当潜能和愿望都被唤醒时，他们总能带来意想不到的惊喜。

你与学生的距离，有时不是远近，而是我就站在你面前，你却不知道我爱你。

因为了解彼此，所以能够共情；因为懂得对方，所以能够心照不宣。只有学生真切地感受到我与他是同路人，我与他有着同样的目的地，我就是那个在路上能够患难与共、亦师亦友的人。当问题出现时，当困难来临时，学生才不会把我和难题一同推向他的对立面。懂得，是教师能够给予学生最好的爱。

挥汗浇洒教育的路人

深圳市光明区民众学校　沈玉芳

美国诗人惠特曼有一首诗《有一个孩子向前走去》，诗里这样写道：

有一个孩子每天向前走去，他看见最初的东西，他就变成那东西，那东西就成了他的一部分……

如果是早开的紫丁香，那么它就会变成这个孩子的一部分；如果是杂乱的野草，那么它也会变成这个孩子的一部分。

梅子涵教授说，童年是一定要读格林和安徒生的，把那些非常奇异的想象、非常美妙的心愿、非常智慧的故事……搁入自己的脑海，随着你的成长，它们就会在你的生命中弥漫、轻扬。从此，生命中就有了一大片绿荫，记忆的鸟儿总站在枝头快乐歌唱。

作为一线的小学语文教师兼班主任，同时是小学语文科组长，根据教育、教学要求，我想，我应该成为孩子成长中的路人。

一、教育之路——做一个学习者

我始终严格地要求自己，坚持学习。平时利用时间阅读教育学、心理学等相关知识，努力夯实自己的专业基础，不断增加自己学识和认知的厚度。每个学期开展"日日经典颂"活动。《小学生必背古诗词80首》成了我们每天的必读书。我们一至六年级教师带领学生诵读《小学生必背古诗词80首》，讲《小学生必背古诗词80首》的故事译文，使学生受到古典文化的熏陶，使《小学生必背古诗词80首》深植于每个学生的心田。以民众学校校情为切入点，我主持了"古诗词日日经典诵读""现场作文比赛""教师阅读、说课、授课比赛"等活动，在这些活动上，我得到了校领导的一致好评（见图1、图2）。

图1　活动合影

图2　师生学习

二、丹心育人——做一个引路者

我自教学以来一直担任小学班主任，渗透教育智慧。社会大课堂，教室小社会。教师坚持让每一位学生参加劳动，保证人人有事做，事事有人做。既让学生在劳动过程中培养了耐心和责任心，又让一些学习缺乏信心的学生得到了展示的机会。教师通过开展丰富多彩的活动，帮助学生树立正确的世界观、人生观和价值观，用心做学生成长的引路者（见图3）。

图3　授课中

三、成长之路——做一个知心者

对于外向的学生，我会找他们聊天，在聊天的过程中，分享自己的童年经历，让学生自觉地吐露自己的心声。对于内向的学生，我则通过做游戏、谈心、画画、手工制作、听（讲）故事的方式（见图4），帮助他们释放心理压力，以平和乐观的心态帮助他们战胜困难。班上的小傅，因为家庭情况特殊，比较胆怯。开学第一天，其他学生都上台介绍自己的时候，只有他站在原地低着头，拳头紧握放在衣兜里，不愿开口，神情漠然。当时我没有把他当成特殊学生，只是默默地观察，我发现小傅特别喜欢跟同学比画虚拟的武打游戏，总是惹同学们告他的状，各科教师也反映他作业经常不交，家庭作业也没有完成，写的字也是七歪八扭的。我以他喜欢的游戏为切入点，打开他与人交流的心。通过交流，我了解到他攻击人的行为就是想让大家关注、关心他，因为他一回家就看到父母吵架、打架甚至动刀，他很害怕。因此，我借助组建小组的契机，帮助他融入班级，也会把他的在校情况拍照发给家长，鼓励家长多发现孩子的闪光点，多关心孩子。一学期过后，小傅在班级里有了好朋友，脸上洋溢着灿烂的笑容。放寒假前，我还给他发了进步奖状和奖品。

图4　开心的师生

"路虽远，行则将至；事虽难，做则必成。"在教育路上，我将倾注一腔热血，努力做点灯的人，把我所有的热和光，倾囊馈赠给学生，为学生点亮理想的灯，在成长中照亮前行的路。

呵护一颗种子的成长

深圳市光明区李松蒨学校　罗　碧

　　每个孩子都是一颗种子，每一颗种子都有自己成长的故事。而我作为教师，总想成为一名优秀的园丁，细心呵护每一颗种子，看着他们发芽、开花，书写自己的美丽故事。但是，每一颗形态各异的种子都需要经历风雨的浇灌，需要特别的养分供给，才能让美好萌芽。

　　小银，一颗在父母严厉教育下发芽的种子，倔强而又无所畏惧，一副瘦弱的身躯，一张黝黑的面孔，却有着一双凌厉的眼睛。开学没多久，我就见识到他的厉害了。

　　那天，我正在午睡，突然一阵手机铃声响起。我一接电话，是保卫处打来的，说我班的一个学生跟别班的学生在校门口起了冲突。我立刻赶到保卫处，看到了令我震惊的一幕。小银双手紧握拳头站立着，校服上沾满了泥土，双唇紧闭，眼睛斜斜地瞪着。而他旁边站着两个比他高出一截的学生，其中一个人的衣服沾满了泥巴。我压制住心中的怒火，将三人带到办公室，了解事情的经过。经了解，事情起因是小银和其中一人起了冲突，另一个人便过来帮忙。于是，三人就在学校旁边的草堆旁争执起来。

　　针对小银的这种行为，我勒令他道歉。但是，他却厉声喊道："凭什么要我道歉？"我愤怒不已，大声训斥他。没想到我的气势汹汹换来了他一脸的凶恶。无奈，我只好打电话叫他家长过来。没多久，他的父亲来了，我便告诉了他整件事情的经过。不料，他的父亲沉默了一会儿，便突然站起身来，要收拾小银。我大吃一惊，严厉制止。

那一刻，我明白了小银这颗种子，之所以如此无所畏惧，跟他的家庭是有很大关系的。于是，我先与他父亲进行了深入的交谈。在交谈中，得知小银的父母对小银要求十分严格。我斥责了他父亲这种简单粗暴的教育方法，告诉他教育是要唤醒孩子的心灵。

当我与他父亲交谈完后，我对小银有了更多的理解，便沉下心来与小银细细交谈。我努力让他尝试自我分析，想想自己是否一点错误都没有，有没有更好的处理方式，对父亲的教育方式有没有什么想法。我循循善诱，了解了他的内心。他说他不喜欢回家，不喜欢妈妈和爸爸的责备，从来不夸奖他……我明白这是一个缺少爱、缺少赞美的孩子。我更加耐心地倾听他内心的声音，逐步引导他寻找正确的解决问题方式。渐渐地，他认识了自己的错误，低下了头，也承诺要改正爱打架这个毛病。

接下来的日子，我努力改变着这颗种子。我发现他一上课就无精打采，我便每次都站在他身边讲课，时不时向他提问。当他回答正确时，我赞叹不已，并为他鼓掌。课间时，他总是喜欢搞点恶作剧。我时不时接到关于他的投诉，每次我都会核实情况。若是事实，我便会找他分析自己的对错，并用行动弥补自己的错误。偶尔，他不能完成作业，我就在教室里陪着他，看着他写完才回家。我不断地付出耐心与爱，希望这颗种子能悄然改变。

一次又一次的教导，一天又一天的陪伴，他对学习有了一定的责任感，脾气也收敛了许多。于是，我时不时地通过短信、电话，把孩子的转变告诉他父亲，并劝导他父亲要多鼓励孩子、关心孩子。不过，脾气火暴的他还是隔三岔五地与人发生小摩擦，让我烦恼不已。尤其当我目睹那一幕时，我对他失望了。

有一次，放长假，学生都放学了，我也背着包走出了校门。走到一条小路上，我看见一群学生围在路旁，不知在凑什么热闹。我便挤进去一看，原来是两个学生正在争执。作为老师，我本能地喊道："住手！"没想到，我看到了那张熟悉而又黝黑的脸。我怒吼道："小银，你又惹事，老师再也不管你了。"我怒气冲冲地说完，扭头便走。

在接下来的时间里，我对他采取了置之不理的态度。早上见面，他与我打招呼时，我默不作声。上课时，他举起了高高的手，我也不叫他答题。当发到他的作业时，我甩回到他的桌上。我看到了他眼睛里的沮丧，却不动声色，内心希望他能主动找我认错。但是，他依旧倔强。上课时，他又开始变得无精打采，作业也重回一片空白。我明白了教育不是一蹴而就的，而是一个长期、反复的过程。

于是，我决定不再与他僵化下去。我对他来了一个突然的家访行动。他的家在一个偏僻的小巷尽头，除了地板是水泥的，门、墙壁、屋顶都是木头做的。当我推开半敞着的大门时，发现屋里一片漆黑，空无一人，便轻声问道："小银，在吗？"他从最里面的房间里走了出来，露出惊讶的眼神，叫道："老师，你怎么来了？"我说明了来意，跟着他走进了他的房间。

那是一个狭小昏暗的屋子，摆放着一张小床和一台缝纫机，缝纫机上堆满了衣服，一片杂乱。连一张像样的书桌也没有，缝纫机台就是他写作业的地方。这样杂乱的环境，让我不禁同情这个孩子。我缓缓地说道："孩子，知识改变命运。你的家庭情况并不太好，更要努力学习……"我絮絮叨叨地说了许多，他似乎听进了心里，点点头。

许久，他爸妈都没有回来，我只好留了一张字条给他爸妈，并嘱咐他让爸爸或妈妈打个电话给我，他一口答应。但好几天过去了，我都没有接到他爸妈的电话。我心想这父母真是太不负责任了。后来才知道，这孩子压根儿没有和他爸妈提起我家访的事。

毫无疑问，小银这颗种子生长在没有爱的环境里，自然缺少了爱的感受能力。因此，他总是抱怨父母只会打他，并不关心他。而他也习惯在与别人处于敌对的关系时用暴力保护自己。面对这样一个长期缺爱的孩子，我又怎么能操之过急？责骂训斥和置之不理都是没用的，还是要用爱打开他的内心，静心等待他的改变。

课后，我总是有意地叫他帮我做一些跑腿的事，他很乐意。课堂上，他也成了我常常提问的对象，不管答得对错，我都欣然接受。渐渐地，他对我亲近了许多，有时会问我几个脑筋急转弯，有时会给我讲个笑话。而我和他调侃时，也总不忘提醒他别再打架了，作业要按时上交。一段时间里，我都没听到他打架的消息，也能及时收到他的作业。我悬着的一颗心也渐渐放下。

有一天，班长急匆匆地跑到办公室告诉我："小银又闯祸了。"我心想：坏了，这颗定时炸弹又爆炸了。一股怒气直冲心头，我正准备起身赶往教室找小银算账。没想到，他已来到了办公室门口，只见他脸颊通红，一脸的泪水，肩膀一伸一缩，还在抽泣。我忍不住火冒三丈嚷道："你怎么回事？"本以为又会看到那双凌厉的眼睛，却见他不停地流着泪水。过了一会儿，他才抽噎着说："老师，这次我没有……"我注意到他说这话时，两只手紧紧地握成了拳头状。我想他一定是在尽力克制着自己的情绪。我一听，心里浮出一丝欣慰，忍不住夸奖他做得对，并拿纸巾替他擦去眼泪。

然后，我带着他去教室处理这件事。后来，我得知是另一个调皮鬼故意挑衅小银，并先攻击他，而小银没有还手。我狠狠惩罚了那个调皮鬼，并在班上大力表扬小银。同学们也对暴脾气的小银刮目相看，纷纷鼓起掌来。我相信，小银这次一定感受到了同学们对他的肯定。

从这件事以后，我的一颗心真正放了下来。尽管小银身上仍有许多毛病，但已令我倍感欣慰。这颗浑身长满刺的种子，内心已渐渐变得柔软。我相信，终究会有一天，他会像其他的种子一样，不是开出绚烂的花朵，就是长成一棵参天大树。